精准识人

一眼看穿他人的表与里

沧海满月◎著

黑龙江教育出版社

图书在版编目（CIP）数据

精准识人 / 沧海满月著. -- 哈尔滨：黑龙江教育出版社, 2017.11
（读美文库）
ISBN 978-7-5316-9691-9

Ⅰ. ①精… Ⅱ. ①沧… Ⅲ. ①心理交往－通俗读物
Ⅳ. ①C912.11-49

中国版本图书馆CIP数据核字（2017）第292708号

精准识人
Jingzhun Shiren
沧海满月 著

责任编辑 宋 菲
装帧设计 MM末末美书
责任校对 张国栋
出版发行 黑龙江教育出版社
（哈尔滨市南岗区花园街158号）
印 刷 天津嘉杰印务有限公司
开 本 880毫米×1230毫米 1/32
印 张 7
字 数 140千
版 次 2018年2月第1版
印 次 2018年2月第1次印刷

书 号 ISBN 978-7-5316-9691-9 定 价 26.80元

黑龙江教育出版社网址：www.hljep.com.cn
如需订购图书，请与我社发行中心联系。联系电话：0451-82533097 82534665
如有印装质量问题，影响阅读，请与我公司联系调换。联系电话：010-64926437
如发现盗版图书，请向我社举报。举报电话：0451-82533087

前　言

Preface

读心识人准到骨子里

“识人难”“处人难”，我们时常会听到这样的感叹。

他嘴里应承着，手里却做着小动作否定着。

他点头、微笑欢迎着，却双臂环抱在胸前拒绝着。

他表面无动于衷，内心却翻江倒海，激起一波又一波的心情浪花。

……

很多时候，人们从自身的愿望和利益上考虑，不会轻易将自己的想法、情绪和性格暴露给他人，往往会用各种方式对自己的言行进行修饰，以掩藏自己的真实想法，而展现给别人另外一副形象。他们心里的话不一定能说，说出来的不一定是真心话。说话闪烁其辞、言不由衷，行动遮遮掩掩、若隐若现，让人百思不得其解、煞费周折。

芸芸众生，每个人的心理和性格千差万别，每个人都有自己不同的经历、不同的性情、不同的人格，正如世界上没有完全相似的两片树叶一样，世界上也没有完全相似的两个人。而这又给我们识人带来了困难，增加了难度。

无论是历史上还是现实中，识人不准往往都会造成麻烦和损失。对于我们来说，不能做到准确识人，就会使自己在人际关系中常常处于被动局面，甚至举步维艰。

那么，人心真的不可测吗？知人知面不知心吗？如何才能看清一个人的真实本性？如何才能识透一个人的内心世界和个性真相呢？

尽管人心常常深藏不露，但探究其内心也并非无章可循。一个人的外貌特征，言谈举止，不经意间的小动作，话语中的潜台词等，都会流露其内心活动的秘密、情感趋向、人生态度。这些可以作为探寻其心理、情绪和个性的依据。心理学家研究结果表明，从人们获取信息的渠道来看，只有11%的信息是通过听觉获得的，83%通过视觉获得；而精妙地表达一个信息应该是7%的语言+38%的声音+55%的表情和动作。因此，我们要细心观察，多方探究，不仅要分析对方的言语，更要观察对方的表情举止，这样就可以从对方言谈举止的蛛丝马迹中洞悉其内心的真实想法，准确地辨识其个性为人。

本书从表情、穿着、言语、动作、体态、情趣、细节、人格、色彩等方面，多角度、深层次、全方位地对人们的心理、情绪、性格、为人等进行了细致入微、一针见血的剖析，教给读者察言观色读心的识人技巧和方法。透过现象看本质，识破人们言行举止背后的心理真相和性格奥秘，掌握一眼看透人心、瞬间识透他人的技能。通过阅读本书，读者可以练就一双精准识人的慧眼，观人于细微，察人于无形，潇洒游走于职场、商场、情场、社交场等人生的各种场合，在生活的舞台上左右逢源、得心应手，掌控人生的主动权。

精准识人，看透人性，直指人心。精准识人，一识一个准，识人识心识到骨子里。

目　录

Contents

第二章　穿着识人，直击着装背后的内心世界

第三章　闻声识人，领会言谈中的弦外之音

第四章　动作识人，破译动作中的真实意图

第五章　体态识人，捕捉姿态发射的信号

第六章　情趣识人，揭开爱好中隐藏的天性

第七章　细节识人，观人于细微察人于无形

第八章 人格识人，识人识到骨子里

第九章 色眼识人，一眼识破对方“本色”

第一章

表情识人，第一时间洞穿他人心思

“一脸观百相”“人心写在脸上”，面部表情传递着人丰富而又微妙的心灵万象，是反映个人情绪和性格的晴雨表。每个人的表情后面蕴藏着他的生活经历、学识修养、心态人品。透过一个人的面部表情，可以准确、传神地看穿一个人的心理，辨识他是什么样的人。

一脸带百相，识人先识脸

诺贝尔奖获得者、法国生理学家科瑞尔在他的《人，神秘莫测者》一书中论述道："我们会见到许多陌生的面孔，这些面孔反映出了人们的心理状态，而且随着年龄的增长，反映得将越来越清楚。脸就像一台展示我们的感情、欲望、希冀等一切内心活动的显示器。"

表情是人生来就会运用的：小孩子哇哇大哭，代表他不舒服，哈哈大笑又说明他高兴快乐。伴随着年龄的成长，人的表情越来越丰富，所起的作用也越来越大。语言和表情有正确的配合，才能达到理想的沟通效果。

看过川剧的变脸，就知道原来可以通过一些装饰小技巧来让一张脸变得生动而丰富多彩。而现实生活中，人们的表情实际上也可以在几秒钟之内变换，人们借助多变的表情可以表达很多层面的感觉，可以是自己内心的真正感觉，可以是经过设计的反应，还可以是为了达到某些目的而伪装的感觉。但是脸部有些区域是难以隐藏真实情绪的。如果你想要弄清楚说话对象的真正想法，再复杂的表情，只要仔细观察对方脸部的真实反应，一样能捕捉到深藏其后的真实含义。

表情是无声的语言。当人们交往时，不管是否面对面，都会下意识地表达各自的情绪，与此同时也注视着对方脸部的各种表情。而在几乎所有的生物中，人的脸部表情是最丰富、也是最复杂的。据统计，人的面部所能做出的表情多达25万种之多，正是这些丰富的脸部表情使得人们的社交变得复杂而又细腻深刻。可问题是，面对如此丰富的表情，想要辨别该从何处着手呢？不妨将以下两方面当做参考。

1. 变化的面部颜色

通常，人的面部颜色会随着内心的转变而变化，这样，表情就有不同的意义了。因为面部的肤色变化是由自主神经系统造成的，是难以控制和掩饰的。在生活中，面部颜色变化常见的是变红或者变白。一般情况下，人们在害羞、羞愧或尴尬等情形时，脸色会变红；在感到极度愤怒时，面颊则瞬时转为通红。面色发白可能是人们承受了巨大的痛苦和压力，或者感到非常惊骇、恐惧等。

2. 表情变化的时间

观察表情变化时间的长短是一种辨别情绪的方法。每个表情都有起始时间（表情开始时所花的时间）、表情停顿的时间和消逝时间（表情消失时所花的时间）。通常，表情的起始时间和消逝时间难以找到固定的标准，例如，一个惊讶的表情如果是真的，那么它完成的时间可能不到1秒钟。所以，判断一个表情持续的时间更容易一些。因为通常的自然表情，并不会那么短暂，有的甚至能持续4～5秒钟。不过，停顿的时间过长，表情就可能是假的。例如，超过了10秒钟的表情（除了那些感情极其强烈的情绪感受），就不一定是真实情绪的表现了，因为人类脸上的面部神经非常发达，即使是非常激动的情绪，也难以维持很久。于是，要判断一个人的情绪真假，从细微的表情中也能发现痕迹，只是需要人们不断地进行细微的观察。

慧眼识人，打开眼神这扇窗

一个人最容易被他人看穿的就是流露出的眼神，在心理学中讲的心灵透视，就是常常从眼神里探究出一个人的心性、成就高低等。如果一个人的眼睛长得细长，黑白分明，看上很深邃，有光彩，即所谓“黑光如漆，双瞳端定，光彩射人”，则反映出这个人比较聪明，有智慧，因为眼睛透出了一股灵气。反之，如果一个人两眼浅短，眼神混浊呆滞，表明其人无才华眼识，反应比较愚钝。眼球转动较快的人，反应较快，反之则相反。眼睛最忌“四露”，即露光、露神、露威、露煞。所以眼神是透视人的品格和个性以及聪明才智的部分。

诸如下面常见的情形：

一旦被别人注视而将视线突然移开的人，大多自卑，有相形见绌之感；

无法将视线集中在对方身上，并很快收回视线的人，多半属于内向性格，不善交际；

听别人讲话时，一面点头，一面却不将视线集中在谈话者身上，表示对来者和话题不感兴趣；

看异性一眼后，随即故意移开视线者，表示有着强烈的兴趣；

一直盯着对方的女性，心中可能有隐情；

在言谈中，注视对方，表示希望对方注意自己所谈的内容；

说话时，将视线集中在对方的眼部和面部，是真诚的倾听、尊重和理解；

只注意自己手中的活计，不看对方说话，是怠慢、冷淡、心不在焉的流露；

仰视对方，是尊敬和信任之意；

俯视他人，是有意保持自己的尊严；

伴着微笑而注视对方，是融洽的会意；

随着皱眉而注视他人，是担忧和同情；

面无悦色的斜视，是一种鄙视；

斜眼看对方者，表示对对方非常有兴趣，但又不想让对方识破；

看完对方突然一笑，是一种讥讽；

突然圆眼瞪人，是一种警告或制止；

从头到脚地巡察别人，是一种审视；

彼此心存好感的两人说话，要注视对方的眼睛，以示寓意通达；

话不投机的人相遇，一般都尽量避免注视对方的目光，以消除不快。

有人在交际中，喜欢戴太阳镜，即使在室内或阴影下，也不将眼镜摘下，是因为他不愿让别人从他的眼睛里发现他的秘密。但是，戴着深色眼镜与人交往，目光不能等同的接触，会造成一些隔膜和不悦。

嘴巴识人，各有千秋

有人说：“嘴巴不出声也会‘说话’，嘴是不出声的‘出纳官’。”可见嘴巴不仅是用来表达有声语言的，它同样也可以表达丰富的肢体语言。

我们可以从一个人嘴唇的变化来看他们的心思和品性。

嘴唇闭拢表示的是和谐宁静、端庄自然。

嘴唇半开或全开则是表示疑问、奇怪、有点惊讶。

嘴唇全开一般表示惊骇。在人际交往中，除非我们是为了沟通谈判的需要，否则不要轻易出现这种嘴部动作。

嘴角上扬，这表示的是善意、礼貌、喜悦的意思。在人际交往中，这种身体语言特别会让对方感觉到我们的真诚和善解人意。

嘴角下垂通常表示的是痛苦悲伤、无可奈何的神情。

嘴唇撅着，一般都是表示生气、不满意的意思。这种表情在正式的场合出现，会被认为是不尊重对方的表现。

嘴唇紧绷，多半是表示愤怒、对抗或者决心已定。而故意发出咳嗽声并借势用手掩住嘴是表示“心里有鬼”，有说谎之嫌。

嘴抿成“一”字形的人，其性格坚强，是个实干家的形象，交给他的任务一般都能圆满地完成，并因此而得到上司的赏识，有较多的机会得到升迁和提拔。

时常舔嘴唇的人很可能压抑着内心因兴奋或紧张所造成的波动，因此他们常口干舌燥地喝水或舔嘴唇。

说到嘴巴就不能不说嘴唇，因为它们是无法分开的。就是我们在平时观察一个人的时候，我们也总是会先看到他们的嘴唇。所以说，一个嘴唇的形状、厚薄等对于我们的观察都是相当重要的。

一般说来，嘴唇厚的人多是富贵长寿之相，而且有艺术天分。但嘴唇太厚也不好，太厚则走向了贫乏的极端，嘴唇过厚的人，又表示其个人欲望太强。

嘴唇较薄的人多是好辩而且伶俐机警的，外刚内怯，沉着冷静，但他们多是薄情之人。

嘴唇长得比较长的人的好胜心非常强，而且非常现实，但这也说明他们的能力较强。

嘴唇短小的人一般都非常富于理想，但是却缺乏果断力，常常犹豫不决，易于动摇。

嘴唇两端下垂的人一般非常的抑郁、悲观、消极、脾气古怪、易怒、固执，这样的人很难相处。

古人还将嘴唇分为樱桃口、方口、吹火口、覆船口等，下面我们根据前人的总结叙述以下特征与所代表性格，以供参考：

樱桃口是属于女性的，代表着她们的性格中爱美、温柔多情的一面；

方口是属于男性的，口的形状有点四方，嘴角两齐，这种人能力强，重实际，好享受；

吹火口是口如吹火，这种人能力弱，缺乏果断力；

覆船口的唇两端低垂，口如覆船，这种人奸猾，贪心，性狠；

仰月口的唇两端上翘，口如仰月，这种人乐观，不平凡，常能一鸣惊人。

当我们观察他人的口唇时，还有一个地方很能表示一个人的个性，那就是鼻子下直到上唇边的一道直沟。直沟短的人，表示这个人非常喜欢受到夸奖，而且是一个极敏感的人。对于这种人，夸奖是最好的方法。千万不可批评或责备他，因为他是一个极敏感的人，即使我们是善意的，他对于我们的批评或责备也会觉得很难堪，反而产生恶劣的结果。

直沟长的人，他们常常怀疑人们的夸奖，虽然这并不代表他们不喜欢夸奖，但他们总认为人家对他的夸奖，是另有用意或有所求。这种人有一个优点，那就是他从不归咎别人，对这种人，不必处处恭维他，可给他一点公正的批评，但不可故意吹毛求疵。假如我们具有这种特征，我们也应该知道自己的弱点——太多疑了。直沟长的人较少，大部分人的直沟都是不长的。因此，假使我们没有把握辨认这点的时候，我们最好要多夸奖、少批评他人。

窥探笑容背后的人心世界

嘴巴的动作是表达感情的方式之一，而最显著的动作为笑。笑是最容易露出牙齿的动作，对动物可解释为恐吓对方，但对人类而言则是代表亲切。在人类文化史上对“笑”有以下分类：微笑、大笑、狂笑、傻笑、含蓄地笑、苦笑、忍不住地笑等，能表达“笑”的语言很多。一般而言，有“笑”的场合，都能轻松地消除紧张气氛，较容易增加人与人之间的亲密度，促进活泼的气息，若有人在谈话场合露出笑脸，更有助于人与人的和谐关系。

笑，是我们经常会有的行为。它虽只有声音而没有语言，但通过笑的方式，我们可以读出笑声背后的诸多“语言”，窥探笑容背后的人心世界。

1. 捧腹大笑

捧腹大笑的人多是心胸开阔的，当别人取得成就以后，他们有的只是真心的祝愿，而很少产生嫉妒的心理。在别人犯了错以后，他们也会给予最大限度的宽容和谅解。他们比较有幽默感，总是能够让周围人感受到他们所带来的快乐。同时他们还极富有爱心和同情心，在自己能力许可的范围之内，对他人会给予适当的帮助。他们不势利眼，嫌贫爱富，欺软怕硬，比较正直。

2. 微笑

微笑是人类特有的动作，形成于人类幼年时期。猴子与猿的幼子可以攀附在母亲身体上，而人类的孩子需要其他的方式让他们与母亲接近。于是，他们施之以迷人的微笑。在进化理论中，微笑是害怕的表情，也是向两侧拉动嘴唇的唯一面部动作。但这一特有的表情发生了微妙的变化，从“我害怕”“我不具有进攻性”变成了“我是友好的”。在这一过程中，动作的外形也发生了轻微的变化，为了避免友好的面容与害怕的面容之间混淆，人们在向两侧拉动嘴唇的同时，上扬嘴角。今天，由于某种原因，我们也可能露出初始的表示害怕的笑容。如果我们不能充分扬起嘴角，所呈现的就是一个僵硬的神经兮兮的微笑。

经常悄悄微笑的人，除了性格比较内向、害羞以外，还有一种性格特征就是他们的心思非常缜密，而且头脑异常冷静，在什么时候都能让自己跳出所在的圈子以外，作为一个局外人来冷眼观察事情的发生、进展情况，这样可以更有利于自己做出各种决定。他们很善于隐藏自己，轻易不会将内心真实的想法透露给别人。

3. 一发而不可收拾的笑

平时看起来沉默少语，而且显得有些木讷，但笑起来却一发而不可收拾，或者经常放声狂笑，直到连站都站不稳了，这样的人是最适合做朋友的。他们虽然在与陌生人的交往中显得不够热情和亲切，甚至是有些让人难以接近，但一旦与人真正的交往，他们通常都是十分看重友情的，并且在一定的时候，能够为朋友做出牺牲。基于这一点，有很多人乐于与这种人交往，他们自己本身也会营造出比较和谐的社会人际关系。

4. 幅度很大的笑

笑的幅度非常大，全身都在打晃，这样的人性格多是很直率和真诚的。和他们做朋友是不错的选择，因为当朋友有了缺点和错误以后，他们往往能够直言不讳地指出来，而不会为了不得罪人而视而不见。他们不吝啬，在自己能力范围之内，对他人的需要总是会给予帮助。基于这些，在自己遇到困难的时候，也会得到来自他人的关心和帮助。他们会使大家喜欢自己，能够营造出良好的社会人际关系。

5. 偷笑

小心翼翼地偷着笑的人，他们大多是内向型的人，性格中传统、保守的成分占了很多。而与此同时，他们在为人处世时又会显得有些腼腆，但是他们对他人的要求往往很高。如果达不到要求，常常会影响到自己的心情，不过他们和朋友却是可以患难与共的。

6. 跟着笑、遮掩的笑

看到别人笑，自己就会随之笑起来，这样的人多是乐观而又开朗的，情绪化比较强，而且在笑的时候用双手遮住嘴巴。他们的性格大多比较内向，而且很温柔。但是他们一般不会轻易地向他人吐露自己内心的真实想法，包括亲朋好友。

7. 爽朗的笑

开怀大笑，笑声非常爽朗的人，多是坦率、真诚而又热情的。他们是行动主义者，一件事情决定要做，马上就会付诸行动，非常果断和迅速，绝对不会拖泥带水。这种类型的人，虽然表面上看起来很坚强，但他们的内心在一定程度上却是极其脆弱的。

8. 断断续续的笑

笑起来断断续续，笑声让人听起来很不舒服的人，其性情大多是比较冷淡和漠然的。他们比较现实和实际，自己不会轻易地付出什么。他们的观察力在很多时候是相当敏锐的，能观察到他人心里在想些什么，然后投其所好，待机行事。

9. 有眼泪的笑

有些人笑时经常会笑出眼泪来，这是由于笑的幅度太大的缘故。经常出现这种情况的人，他们的感情多是相当丰富的，具有爱心和同情心，生活态度是积极乐观和向上的。他们有一定的进取心和取胜欲望。他们可以帮助别人，并适当地牺牲一些自我利益，且不求回报。

10. 尖锐刺耳的笑

笑声尖锐刺耳的人，大多具有一定的冒险精神，且精力比较充沛。他们的感情比较细腻和丰富，生活态度积极乐观，为人比较忠诚和可靠。

11. 平淡柔和的笑

笑起来声音柔和而又平淡，这样的人性格多较沉着和稳重，在大是大非面前多能够保持头脑的清醒和冷静；他们比较明事理，凡事能够多站在他人的立场上考虑，善于化解矛盾和纠纷。

12. “吃吃”的笑

笑起来发出“吃吃”的声音的人，多是能够严格要求自己的人。他们的想像力比较丰富，创造性也很强，常常会有一些惊人的举动。而且他们很有幽默感，这是聪明和智慧的一种自然流露。

有些人发笑时张大嘴巴，有些人不张口而能发笑。掩饰自己的感情或带着强烈的警戒心，避免他人洞察自己真心的人通常不会开口发笑。在不同的场合，发出不同的笑声，这样的人多是比较现实的，而且随机应变和适应能力比较强。

13.“哈哈”的笑

“哈哈哈”型的笑声。从腹腔发出笑声的人，是所谓的“豪杰型”。一般人很难发出这样的笑声。这是身体状况极佳才有的笑声，平常这样发笑必是体力充沛者。不过，这种笑声带有威压感，会震慑他人，因而使人心生警戒。女性若有是这种发笑，一般是属于领导型的人。

14.“呵呵”的笑

“呵呵呵”型的笑声。自觉没有信心或强制压抑不快的情绪时，会发出这种笑声。有时可能以这种笑声掩饰内心的牢骚，心浮气躁或身体疲倦时也会这样发笑。

15.“嘿嘿”的笑

“嘿嘿嘿”型的笑声。当一个人对他人带有批评或轻蔑的心态时，会发出这种笑声，但这种笑声已成习惯者另当别论。一般人发出这种笑声即可断定商谈无法取得成功。

读懂眉毛的“72”般变化

眉毛也具有表情的功能，可以更加充分地展示我们内心深处的感情变化。过去曾有人认为眉毛的主要功用是防止汗水和雨水滴进眼睛里，其实不然。眉毛本身是有这种功能，但更重要的还是能传递肢体语言。

每当我们的心情改变，眉毛的形状也会跟着改变，这被称为“眉毛的行为”。眉毛的行为所产生的重要信号有以下几种。

1. 低眉

当人们受到侵略的时候通常呈现出这种表情，因为这是一种带有防护性的行为，通常只是要保护眼睛，免受外界的伤害。

很多人都把一张皱眉的脸视为凶猛的象征，而很少想到那其实和自卫也有关系。而一张真正带有侵略性的、无畏怯的脸上，呈现的反而是瞪眼直视、毫不皱缩的眉。

2. 皱眉

皱眉可以代表很多种不同的心情。例如，惊奇、错愕、诧异、快乐、怀疑、否定、无知、傲慢、希望、疑惑、不了解、愤怒和恐惧，等等。

皱眉的情形包括防护性和侵略性两种。防护性的皱眉只是保护眼睛免受外来的伤害。但是光皱眉还不行，还需将眼睛下面的面颊往上挤，眼睛仍睁开注意外界动静。这种上下挤压的形式，是面临外界攻击、突遇强光照射、强烈情绪反应时典型的退避反应。

至于侵略性的皱眉，其基点仍是出于防御，是担心自己侵略性的情绪会激起对方的反击，与自卫有关。真正侵略性的眼光应该是瞪眼直视、毫不皱眉的。最常见的皱眉，常被理解为厌烦、反感、不同意等情形。

眉头深皱的人，一般都是很忧郁的。他们基本上是想逃离目前所处的境遇，但却经常因为某些原因不能如此做。如果一个人大笑的同时皱眉，说明这个人的心中其实是有轻微的惊恐和焦虑，他的眉毛泄露出明显退缩的信息。虽然他的笑可能是真的，但无论他笑的对象是什么，都给他带来了相当大的困扰。

3. 眉毛一条下降、一条上扬

这样的形态所传达的信息介于扬眉与低眉之间，一般表示一个人激动的同时又有恐惧的心理。而眉毛斜挑的人，心里通常处于怀疑的状态，因为扬起的那条眉毛就像是提出的一个大大的问号。

4. 打结的眉毛

一般是指两条眉毛同时上扬及相互趋近。这种表情通常预示着严重的烦恼和忧郁，比如一些患有慢性疼痛的患者就会经常如此。而急性的剧痛产生的是低眉而且面孔扭曲的反应，较和缓的慢性疼痛就会产生眉毛打结的现象。

5. 闪动的眉毛

眉毛先上扬，然后在瞬间内再降下来，这种闪动的快速动作，是看到熟人时出现的友善表情。

6. 双眉上扬

如果一个人在谈话的过程中将双眉上扬，则表示出一种非常欣赏或极度惊讶的神情。

7. 单眉上扬

一条眉毛上扬，通常表示不理解、有疑问的意思。

8. 眉毛迅速上下活动

这样的动作和闪动的眉毛很类似，一般说明一个人的心情愉快，内心赞同或对你表示亲切。

9. 眉毛完全抬高

这表示出的是一种他“难以置信”的神情。

10. 眉毛半抬高

表示他“大吃一惊”的神态。

11. 眉毛半放低

一般表示他“大惑不解”。

12. 眉毛全部降下

表示的是他“怒不可遏”的状态。

13. 眉头紧锁

表示这个人的内心深处忧虑或犹豫不决的状态。

14. 眉梢上扬

这表示有喜事降临的意思。

15. 眉心舒展

表明这个人的心情坦然，处于愉快的状态中。

瞬间读懂鼻子上的性情

身体语言学家指出，在人们交谈的过程中，鼻子的行为动作常常被忽略，但实际上，它也能表现一个人的心理变化。就是说，鼻子对人们内心的感受十分敏感。我们的鼻子表情虽然非常少，但是由于它位于整个面部的正中，因此常能引起对方的关注，即使上面的动作轻微，也能让你诊断出些许心理变化，所以在观察表情时同样起到了“承上启下”的作用。

我们经常说“皱起的鼻子”，这种动作最初是针对某种味道和气味而来的，人们用皱起的鼻子表示对味道的反感和厌恶。这样一种表情再加上一种严肃的面容表示出一种厌恶和轻蔑的态度，从根本上讲是一种傲慢、不屑一顾地对待别人的态度。皱鼻子的人常常看起来好像他们已经闻到了一股难闻的气味。这种习惯性的行为很可能有其自然环境因素，因为吸到一股讨厌的气味会使人皱起鼻子。例如，当一位男士在吸烟的时候，旁边就可能有女士皱起鼻子，用不满地眼神看着他。此外，经过衍变，当人们看到一个穿着邋遢或者品性不佳以及相貌丑陋的人时，也会用皱着鼻子来表示对对方的不满和不屑。某些人，在其鼻子两边有明显的皱痕，这在一定程度上反映了他们对周围不满情绪多一些。

煽动的鼻翼，一般也是对某种好闻的气味的反应。人们用大力的呼吸来表达对这种味道的喜爱和内心的舒适，因而会煽动鼻翼。同样，当感到心情兴奋和激动时，人们也会煽动鼻翼，用兴奋的姿势表示自己很高兴，对眼前的事物很感兴趣。

现代心理学的研究成果表明，在谈话中对方的鼻子稍微胀大时，多半表示他对你有所不满，或情感有所抑制。而在愤怒的时候，鼻孔将张大，似乎要宣泄怒气。

鼻头冒出汗珠时，一般来说，这表明一个人的内心特别焦躁或紧张。如果对方是重要的交易对手时，必然是急于达成协议。如鼻子的颜色整个泛白，就显示对方一定畏缩不前。

鼻孔朝着对方，指藐视对方，瞧不起人。鼻子竖挺，表示这个人的性格坚强，固执己见，通常不会被别人所左右。摸着鼻子沉思，说明对方内心斗争激烈，处于犹豫不决的境地。

如果听人说话的时候摸鼻子，说明摸鼻者不相信对方所说的话，他在考虑如何应对。

思考难题或者极度疲劳的时候，人们会用手捏鼻梁；特别无聊或者遇到挫折的时候，则常用手指挖鼻孔。这些触摸自己鼻子的动作，都可视为自我安慰的信号。

如果有人问我们一个难以答复的问题，我们为了掩饰内心的混乱，而勉强找出一个答案应付时，手会很自然地挪到鼻子上，摸它、捏它、揉它，也许还可能特别用力地压挤它，好像内心的冲突会给精巧的鼻子造成压力，而产生一种瘙痒感，以至于我们的手不得不赶快来救援，千方百计地抚慰它，想要使它平静下来。这种情形常出现在不会撒谎的人的面部表情上。

除了上面说的几种鼻子动作行为之外，还有歪鼻子，这表示不信任；鼻子抖动是紧张的表现；鼻孔张合代表发怒或者恐惧；哼鼻子则含有排斥的意味；嗅鼻子是对任何气味都有的反应。

要说明的是，鼻子并不是特别可靠的人格的"指南针"。尽管如此，鼻子这一部位还是富有表情的，而且也的确能提供一定的性格特质的线索——尤其是有些人想方设法掩饰的那些特质。

我们可以通过任何微小的变化解读到更多的面部表情，从而使我们进一步掌握更多人们不知道的身体语言信息。

为什么左脸比右脸诚实

西方有专家研究发现，人们面孔的左右两个区域会表现出不同的特征。而左脸更可能显示基本气质，甚至能反映出一个人的性格。而对脸部情况与人的心理关系，美国心理学家利奥波德·贝拉克博士也指出，人的左半张脸和右半张脸所反映的信息是不一样的，大多数面孔的右半部常常显出比较明显的表情，而左半部常常反映出一个人内心存在的隐晦的性格。总而言之，左脸比右脸诚实，左脸更能道出真言。

有关实验专门检验左右脸面部表情的不同之处。组织者将16位被试验参加者分成4组，让每个小组成员观看主题为人的面部的照片。这些照片中的男女模特分别做出以下5种基本表情：幸福、愤怒、厌恶、悲伤、恐惧。将其中一张照片从正中间分成左右两部分，然后将其中的一半进行技术合成，接着让被试者观看只有原照片左半部分或只有原照片右半部分的残片。他们可以选择使用7种表示不同程度的感情划分等级来做出评定。结果显示，与原照片右侧部分相比，多数被试者认为左侧部分的照片流露出更强烈的感情。具体而言，在70张照片中有45张被评价为含有较为强烈的否定感情。

不单单在实验中，就是在商务谈判以及与重量级人物的会谈中，人们更愿意坐在谈话对象的左侧。这样可以便于清楚地观察对方的感情变化，相应的自己的真实感情却不易被对方获取。反之，如果坐在对方的右侧，则很难观察到对方真实的感情变化，自己的真情实感也很容易被对方获取。

具体到细处，我们发现，人们在说话时，“左眼”比“右眼”更容易流露出真实感情。一个人如果是笑容满面但是左眼却无神，请不要相信他此刻是真的心情愉快。可以说，我们要审视一个人，仅仅通过对方眼睛里流露出来的喜悦之情，就应该能够了解他的部分心情。一个人隐藏真情实感的时候，左眼就可能会流露出这种细微的变化信号。

这是因为，人在说谎的时候，肯定会有一种负罪感。因为这种负罪感的存在致使眨眼次数增多，所以会让人感到说话者频繁眨眼，但毫无神采。当某人被问及：“您认为这个设计怎么样”时，即使他的回答是“还不错”，但是如果他给你的感觉是左眼无神的话，他一定是在说谎，这个时候你最好直率地试探着询问一下。

因此，与人接触，与人交谈的时候，最好不要和听者面对面，而是应该坐在其旁边——如果可能的话最好坐在其左侧，那么就可以比较容易地读取对方的真情实感。

另外，我们还可以通过左右脸的表情来判断真笑与假笑。美国匹兹堡大学的心理学教授杰夫里·考恩说：“真正的微笑是均匀的，在面部两边是对称的。”由于左右两个半脑都希望能使笑容看起来显得更加真实，所以在意识的控制之下，左侧脸部与右侧脸部的表情并不完全相同，其中左侧的表情会显得更加夸张。如果是假笑，控制面部表情的神经元大都集中在右半脑的大脑皮层中，而这部分大脑只能向左半身发送指令，结果，当刻意地想在脸上堆满笑容的时候，左侧脸部的笑容就会比右侧脸部的更加明显。可如果是发自肺腑的真心微笑，就无须刻意地假装，所以左右两个半脑向身体两侧所发送的指令就是对称的，而两侧脸部的笑容也就不会有任何区别了。

脸部的肌肉活动以及掩饰左脸的动作都比较细微，一般很难发现。不过，如果你仔细观察，还是能够捕捉到这些体态信号的。所以，请做个有心人，多看多听多观察。

捅破“无表情”这层窗户纸

脸是人的内心活动和情绪变化的反射镜，脸的表情直接反映一个人的喜怒哀乐。那么，如果一个人的脸面没有明显的表情，是不是说明这个人就没有心理活动和情感变化呢？事实并非如此。

1. 没表情并非没感情

有些下属不满上司的言行，既不敢言，又不敢怒，只好装出一副无表情的样子。

事实上，不管怎样压抑那股愤怒的感情，内心的不满依然很强烈。如果仔细观察他的面孔，你就会发现他的脸色不对劲儿。倘若此时紧迫感继续增加，他的眼睛马上会瞪得很大，面部肌肉甚至会出现抽搐。

所以，如果你看到对方的面部肌肉在抽搐，那就表明在他的深层意识里，并非毫无感情，而是正陷于激烈的冲突或强烈的不满之中。如果你碰到这种人，最好不要直接指出他，或当场给他难堪。

此外，同样是毫无表情，也有两种情况：一种是极端地不关心，另一种是根本不看在眼内。

事实上，这两种毫无表情的表情，有时却隐藏着善意或是爱心。对有些人来说，尤其是女性，徜太露骨地表达自己的善意或爱心，有可能遭到拒绝，于是她只好面无表情。

2. 无表情的背后隐藏着复杂的表情

一般那些初次见面时无表情的人，给我们的感觉是：这种人很难对付、很难摸透他的心思。

大多数情况下，在初次见面时，一般人最起码都会堆起笑容，按社交辞令与人寒暄，这是最基本的礼仪。但一见面便冷若冰霜、毫无表情的人也不是不存在。这种人对任何事情都反应迟钝，不容易把喜怒哀乐流露于外表。

和这种人接触，你根本摸不清他对你的话题是否感兴趣，对你的到来是否表示欢迎。你完全如坠入云里雾中，实在令人苦恼。

但是，你千万就不要认定了这种人难相处，而对其采取敬而远之的态度。因为他们这种面无表情本身，其实就很清楚地呈现出了内在的“表情”。

人的内心深处存在着未得到满足的强烈欲望或敌意等不愿让人知道的感情时，就会极力抑制这种感情流露出来，这时便会呈现出无表情的状态。

也就是说，“无表情”并不是因为没有任何值得表达的感情，而是由于内心存在着不愿表达的感情。如果以这种心理去观察，就会发觉无表情的人，在他的“面具”背后隐藏着许多别人不了解的心理纠葛。

3. 对方露出深思的表情时可以坦率相问

人不会把自己内心的心理状态，随时用语言或具体的态度表现出来。一般说来，当人们内心怀有不愿以言语表达或不知如何表达才好的感情时，就会通过表情的微妙变化来传达这个信息。

对方的表情有变化，有时是希望你察觉他那种不愿说出的感情，有时则是由于内心的不安而无意识地呈现出来的。不管哪种情况，不可辩驳的是，如果无视对方心理上的变化，继续高谈阔论，肯定会产生不良后果。所以，一旦看到对方突然面带愁容，或陷入沉思，首先就必须停止自己的话题。如果对方的表情又发生了新的变化，就应该率直地询问对方是否有什么心事。这样，如果你能了解对方的心事，你就了解到了他的秘密。

小心！表情也会表里不一

美国心理学家拜亚曾经做过一项实验：他让一些人表现愤怒、恐怖、诱惑、无动于衷、幸福、悲伤等六种表情，再将这些录制后的表情放映给人看，让他们猜何种表情代表何种感情。

结果让人大吃一惊，猜对的平均不到两种。

这说明虽然表情对揭示性格在很大程度上有一定的可取性，况且表情相对于语言来说更能传递一个人的内心动向，但要在瞬间通过表情勘破人心，实属不易。

人们在生活中无声无息地学会了很多方法来掩饰自己的内心，也知道了在何种情况下该掩饰什么样的表情。比如说在生意场上，最主要的就是要掩饰急躁、不耐烦的表情，一旦你被对方窥破，将会被认为你根本就没有诚心跟对方合作，因此你的信誉度将受到严重的伤害，可谁知道你仅仅是想早点结束会面去参加宴会。

因此在许多时候，人们都会“面无表情”地跟你对话、交流，轻易不肯露出自己的想法，通常这么做有三个理由：第一种是敢怒而不敢言；另一种是漠不关心；第三种是根本没有放心里去。也可能结果正好相反，只是对方不愿让你看出来而已。

脸上的表情跟内心的情绪正好相反，原因是人在潜意识里不愿让对方看出自己心理的变化，所以会以其他表情来阻止情感的“外泄”，刻意隐瞒自己的喜怒哀乐。

这并不是说这些表情不能从脸部表现出来，而是真那么做的话，将会严重地影响正常的社会活动。

最明显的例子就是和对方探讨学术问题，双方观点不统一，如果这时你把个人情绪加进去，探讨的结果一定很糟糕，不是翻脸就是变成死对头。

在很多情况下，如果你不经过相当程度地对人们内心活动的研究，则并不容易探视出对方的真实心理。

◎精准识人：观脸型，识人性

第一眼看到一个人的脸时，你会首先打量哪个部位呢？眼睛、鼻子，还是眉毛？

你先看脸型就可以了。

虽然一个人的脸型和遗传有很大的关系，但是先天的脸型随着后天的生活状态、社会环境、个人经历的不同，也会发生较大的变化。心理学家通过大量的统计资料研究发现，成年人的脸型在一定程度上可以反映出一个人的某些性格。

心理学家把脸型分为以下几种类型，每种脸型都代表着一种性格特征。

1. 方形脸

方形脸共分成两种。一种是轮廓相当明显、下颚宽大的方形脸。这种人脸庞方而大，有棱有型。他们做起事来胆大过人，喜欢冒险犯难，凡事草率鲁莽，思考欠周详，容易得罪人。在人际关系的处理方面，这种人可以说是爱憎分明，喜怒刻印在脸上的典型。

另一种是轮廓明显、五官端正的方形脸。这种人凡事崇尚中庸，做事的过程中既不破坏传统秩序，又极富弹性。他们能力卓越，眼光远大，是典型的领导人才，具有应付变局，扭转乾坤的能力。这种人脑筋聪明，富于机智谋略，举止大方稳重，待人诚恳，颇有威望。

2. 圆形脸

有这种脸型的人性格如脸型一样温和圆滑，他们好相处，待人亲切，社交能力较强。因为这种脸型的人总是很乐观，对一切都感到安然惬意，所以这种人永远是和气、有趣、可亲的。不过在坚持自己观点方面有点固执，甚至有点任性，还有点自扫门前雪的个人主义。

如果是男性有这样的脸型，那么他在金钱方面就有点靠不住了。

3. 椭圆形脸

这种脸型的人有着很好的顺应性，女性即使身为职业妇女也能很好地照顾家庭和工作，做到两不相误。而且这种脸型的人富有理性，是个理性主义者，即便是在混乱的场合，也不会像其他人一样惊惶失措，能镇定地告诉别人该怎么样去做。他们的情绪很少有波动，是一个值得信赖的人。不过，他们的感觉比较细腻，会把一件小事放在心上保留很久。

这种人工作努力，思想活跃，有着很好的创造力，并且自尊心很强，不容易受他人的影响，缺点是耐力不足，往往半途而废。

4. 四角形脸

这种人对任何事物都表现出积极的态度，意志坚强，即使碰到很大的困难也能很快振作起来。他们性格外向，富有行动力，正义感强烈，不喜欢迁就别人，也绝不委屈自己，因此缺乏一定的通融性；对于已经决定的事情一定坚持到底，异常执着，容易与人有冲突，不过很讲义气，有人相求的话能鼎力相助。或许是性格原因，这种人的人缘往往并不是十分好。

5. 细长形脸

脸型长，下巴呈四角形，而鼻子和口就显得小，这种人对细微琐事考虑得比较周到，对研究有一定的热忱，擅长与人交流，如果有一技之长，那将是他最好的职业。对人谦恭、周到、有礼貌，乍看起来通情达理，其实很难表达清楚自己的心意，因此在与人交往时会出现一些麻烦。

6. 三角形脸

这种人紧张，感觉敏锐，具有好动、静不下来的外向性格。他们体力充沛，节奏快，而且可以吃苦耐劳，做事非常积极、热情迫切、敢冒险、大胆、行动快如闪电。他们有实践能力，颇富开拓性。这种人在人际交往中很吃得开，属于长袖善舞、八面玲珑的典型。

7. 倒三角形脸

额头宽，脸型随着往下巴的方向慢慢变窄，形成倒三角形的脸型。

有这种脸型的人和他的身体有关，他的身体多半也是细瘦、娇小的体形。他们做事多半一丝不苟，有洁癖。他们有很强的虚荣心，喜欢受人瞩目，同时也很关心引人注目的事物；具有贵族化的嗜好，对戏剧、优雅的东西充满憧憬，但如果不能遂意，也会有焦躁的举动；性情中有优柔寡断的一面，还有细腻而浪漫的一面，多数人带有难以接近的气质，因而使人感觉难以相处，要接近这种人必须以浪漫而富有幻想色彩的话题作为交际的润滑剂。

第二章

穿着识人，直击着装背后的内心世界

有句俗话：“衣服是人的第二皮肤。”服饰除了能帮助人们驱寒蔽体，也是展现自己风姿和特色的媒介，能够向他人无声地传递个人的社会地位、个性、职业、教养等信息。透过着装，可以直击人心深处的世界，认识一个人的性情素养、气质风度。

识穿衣装“庐山真面目”

人类本来是赤裸裸的，但大家为了隐藏自己的庐山真面目，才穿衣服。其实，大家根本不曾料到，为了要穿上自己喜欢的衣服，包括颜色、质料和情调的配合，反而把自己毫无掩饰地呈露出来。因为每个人所选购的衣服，穿在身上虽然遮掩自己的身体，却反使自己的心理状态坦露无遗。

由此看来，衣服是人体的一部分，它跟穿着者难以分开。这在心理学上叫作“延长自我”。根据这套理论，我们可以通过服装，分析对方的心理状态。

1. 从服装的华丽或朴素识透心理

一般而言，喜爱穿着华美衣服的人，怀有极强的自我显示欲，同时也常常具有歇斯底里的性格，尤其对金钱的欲望特别强烈。

喜欢穿简单朴素衣服的人，性格比较沉着、稳重，为人较真诚和热情。这种人在工作、学习和生活当中，对任何一件事情都比较踏实、肯干，勤奋好学，而且还能够做到客观和理智。

2. 从服装的“同调行为”和“部位打扮”看

服装的流行现象与人类的心理活动之间的关系非常密切。法国的启蒙思想家波特尔曾讥笑流行服装是“三心二意的讨厌女神”。然而，倘有人很容易地便被这位“女神”引诱，只能说明他做事太欠考虑。一般而言，女性比较注意社会上现时流行哪些服装，而且也比较容易随着这种流行趋势的变化而变化。这是女性的一种特有爱好，心理学上称之为“同调行为”。然而，最近在男性当中，也不乏跟随服装流行潮流而走的人。这是一种很引人注目的现象。大体上说，这些人的性格，都属于体制顺应性。同时，也是对自己缺乏信心的一种表现。

至于“部位打扮”，指的是人们特别重视对自己身体某个部位的打扮。这种人所以如此，有的是为了掩饰自己体貌上的某种不足或缺点。比如有的女性对自己的容貌缺乏信心，怀疑自己对男性缺少吸引力，便故意穿上超级迷你裙。而有的男性秃顶很明显，便故意穿上豪华的鞋袜，想以此弥补头顶的缺陷。凡属这种类型的人，对自己的弱点，总是耿耿于怀，当作精神负担，时时反映出一种冲突与矛盾难以解决的心理症结。

3. 通过对方服装的突然变化去分析他的心理

一位职员，平时都穿固定式样的西装。但有一天，他却突然改穿潇洒的夹克、鲜艳的长裤，还改换了颜色完全不同的领带，同事们不禁好奇地问：“今天他有什么事吗?”从表象或精神方面说，这种人的内心，必然受到了某种刺激，使他在想法上发生了若干变化，而怀有某种新的企望。

有的人会因为情况不同而改变爱好，甚至穿起完全没有经过选择的服装，明显系情绪不安所致。或者说，他们有意脱离单调的工作，希望过富有变化的生活。

相反，也有人对服装的流行状况毫不关心，个性十分强硬。他们认为，倘与别人采取同调行为，岂非等于失去了自我。这种人在工作当中，即使碰到很小的事情，也会开口闭口以自我为中心，结果常常招人反感。

此外，还有一种人，懂得适度地逐次适应服装的流行潮流，选择适合自己的服装。这种人能够很适度地尊重自己的主张，不会完全盲从他人。

一衣一世界，一装一性情

“衣服是文化的表征，衣服是思想的形象。”这是郭沫若说过的话，意思是说人可以通过衣着打扮来向外界展示自己。

随着社会的进步与发展，现在从衣着打扮上判断一个人的难度在无形之中增大了，因为现在的人们提倡张扬个性，不再拘泥于这样那样的形式，所以不能按照传统的一套进行观察和判断。但也正是由于张扬个性，不拘泥于形式，人可以更加充分地展示自己的心理状况、审美观点等，从而有助于把握其性格特征。

喜欢穿单一色调服装的人，多是比较正直、刚强的，理性思维要优于感性思维。

喜欢穿淡色便服的人，多比较活泼、健谈，且喜欢结交朋友。

喜欢穿深色衣服的人，性格比较稳重，显得城府很深，不太爱多说话，凡事深谋远虑，常会有一些意外之举，让人捉摸不定。

喜欢穿式样繁杂、五颜六色、花里胡哨衣服的人，多是虚荣心比较强，爱表现自己而又乐于炫耀的人，他们任性甚至还有些飞扬跋扈。

喜爱穿同一款式的人，性格大多比较直率和爽朗，他们自信心强，爱憎、是非、对错往往都分得很明确。他们的优点是做事不犹豫不决，而是显得非常干脆利落。言必行，行必果。但他们也有缺点，那就是清高自傲，自我意识比较浓，常常自以为是。

喜欢穿短袖衬衫的人，他们的性格是放荡不羁的，但为人却十分随和、亲切，他们很热衷于享受，凡事率性而为，不墨守成规，喜欢有所创新和突破。自主意识比较强，常常是以个人的好恶来评定一切。他们虽然看起来有点吊儿郎当，但实际上他们的心思还是比较缜密的，而且什么时候都知道自己是做什么的，所以他们能够三思而后行，小心谨慎，不至于因为任性妄为，而做出错事来。

喜欢穿长袖衣服的人，大多比较传统和保守，为人处世爱循规蹈矩，而不敢有所创新和突破。他们的冒险意识在某一方面来讲是比较缺乏的，但他们又喜爱争名逐利，自己的人生理想定得也很高。这样的人最大的优点就是适应能力比较强，这得益于他们循规蹈矩的为人处世原则。把他们任意放在哪一个地方，他们都会很快就融入其中，所以通常会营造出比较好的人际关系。他们很重视自己在他人心目中的形象，希望得到注意、尊重和赞赏，从而在衣着打扮、言谈举止等各个方面都严格地要求自己。

喜爱宽松自然的打扮，不讲究剪裁合身、款式入时的衣着的人，多是内向型的。他们常常以自我为中心，而融不到其他人的生活圈子里。他们有时候很孤独，也想和别人交往，但在与人交往中，又总会出现许多的不如意，所以到最后还是以失败而告终。他们几乎没有朋友，可一旦有，就会是非常要好的。他们的性格中害羞、胆怯的成分比较多，不容易接近别人，也不易被人接近。他们对团体的活动一般来说是没有兴趣的。

穿着打扮以素雅、实用为原则的人，他们多是比较朴实、大方、心地善良、思想单纯而又具有一定的宽容心和忍耐力的人。他们为人十分亲切、随和，做事脚踏实地，从来不会花言巧语地去欺骗和耍弄他人。他们的思想单纯，凡事都往好的方面想，对事物并不缺乏自己独特的见解。他们具有高超的洞察力，总是能把握住事情的实质，而做出最妥善的决定和方案。

喜欢色彩鲜明、缤纷亮丽的服装的人，他们多是比较活泼、开朗的，单纯而善良，性格坦率又豁达，对生活的态度也比较积极、乐观和向上。他们大多是比较聪慧的，这些体现在外的就是有较强的幽默感。同时，他们的自我表现欲望比较强，常常会制造些意外，给人带来耳目一新的感觉，吸引他人的目光。

T恤“贴”出真性情

T恤可以说是一种最普遍最受欢迎的夏装。在过去，T恤只是用来保暖和吸汗的内衣，可是现在，它已演变成了一面公众告示牌，可以任由自己在上面随便记录或宣泄各种情绪和想法。所以，选择什么样的T恤可以更直观地看出一个人具有什么样的性格。

有的人喜欢穿非常纯朴的白色T恤，这样的人多有比较独立的个性，他们不会轻易地向世俗潮流低头。他们往往具有一定程度的叛逆心理，但表现的形式往往不是特别明显和恰当。

有的人喜欢穿没有花样的彩色T恤，这样的人自我表现欲望并不是特别的强烈，他们甚至可以甘于平凡，做一个默默无闻的人。他们大多比较内向，不太爱张扬，而且富有同情心，在自己能力许可的条件下，会去关心和帮助他人。

有的人喜欢在T恤上印上自己的名字，这样的人思想多是比较开放和前卫的，能够很轻松地接受一些新鲜的事物，他们对一些陈旧迂腐的老观念多是持一种相当排斥的态度。他们的性格比较外向，喜爱结交朋友，为人比较真诚和热情，所以通常会有比较不错的人际关系。他们自信心强，善于随机应变。

有的人喜欢穿印有明显图像的T恤，这样的人多是追星族，他们对那些人有无限的崇拜，并且希望自己有朝一日能像他们一样。

有的人喜欢在自己的T恤上印上一段搞笑的话，这样的人多具有一定的幽默感，而且很聪慧。另外，他们也是具有很强的表现欲望的，希望自己能够吸引别人的注意。

有的人喜欢穿印有名牌大学或知名大企业标志的T恤，这样的人多比较希望他人知道自己的身份，并且对自己所在的单位和企业具有一定的感情。他们希望能够以此为载体，吸引一些志同道合的人。

有的人喜欢穿印有著名风景图案的T恤，这样的人对旅游总是情有独钟的。他们的性格多是外向型的，对新鲜事物的接受能力很强，而且具有一定的冒险精神。这样的人自我表现欲很强，希望把自己所知道的一切都传达给他人。

帽子，盖住大脑盖不住思维

帽子不仅有御寒和遮阳的功能，它还是一种增加美观、给人树立某种形象的装饰物。世界各地都在生产各式各样的帽子，出入任何一家娱乐场所、大型酒楼餐馆，都会看到“衣帽间”的牌子，这说明帽子对于一个人来说，有着十分重要的用途，它可以帮人们建立某种形象，使其个性在众人面前得以展现。观察一个人所戴的帽子，可以大致了解一个人的思维和个性。

1. 选择戴礼帽的人

希望让自己在他人面前表现得沉稳和成熟，展现自己的绅士风度。在他人面前，他们的服装会搭配得很得体，且十分整洁，即使是炎热的天气也会坚持穿皮鞋。这类人一般内心清高，自命不凡，颇有野心，因此在任何行业都属于那种力争上游的人物。

2. 选择圆顶毡帽的人

大多兴趣广泛，但很少表达自己的看法，容易服从他人的观点，是典型的中庸派，不想得罪任何人。这类人性情忠实肯干，执着而认真，认为只有勤劳的付出才有丰厚的收获，所以瞧不起那些不劳而获的人，绝不贪小便宜，对不义之财不沾手。

3. 戴旅游帽的人

会利用它来装点自己，凸显个性和气质，或者也会用它来掩饰自己的某些不满意的缺陷。由此看出，他们善于掩饰自己的缺点，真正了解他们的人少之又少，因为一般人看到的只是其修饰过的一面。

4. 选择戴彩色帽子的人

通常也是搭配中的高手，他们会在不同的场合，配合不同颜色的衣服来佩戴帽子。这类人天生喜欢颜色鲜艳的物品，对流行的物件非常敏感。帽子对他们来说，时尚装饰的意义大过其本身功能。他们的生活多姿多彩，懂得享受和尝试人生中的各种乐趣。且精力旺盛，时刻都准备着做些什么，所以具有一颗不安分、容易躁动的心。但当各种活动都告一段落，喧闹散场，灯照离席时，他们也开始被空虚感包围，陷入情绪的低谷。

镜片窥人——透过眼镜识人心

一般戴眼镜的人会给人一种儒雅的印象。事实上，在人与人的交往中，还可以通过眼镜显示出一系列的身体语言信号。通过这些身体语言信号，可以准确地了解到对方的心理状态和所持有的某种情绪或态度。

下面这种情形也许你曾遇到：

假如你去求助一位戴眼镜的专家解答一个疑难问题时，如果他当时回答不出来，那么，他很可能会摘下眼镜，一手拿着眼镜，一手接过你的问题，故作思考。如果他仍然给不出答案，那么，他可能还会将眼镜放在嘴边，或皱起眉头，或仰起头，好像这样他就可以想出答案一样。

其实，这是一个人心里紧张的表现，而且也是一种拖延时间的下意识动作。在讨论会上，当一个人被迫做出决定时，这种现象也会发生，这是为了争取更多的考虑时间，拖延开口时间的一种努力。但是，如果当事人将眼镜摘下，并且将它放在眼镜盒里，然后用力将眼镜盒推到一边的话，这就暗示了他的另一种意思——将不再发言。

心理学家对戴眼镜的人的观察表明，这些人有一系列的特殊表现行为。这些行为不同程度地表现了他们独特的态度和心理。

戴眼镜的人在讲话的时候，不少人都有将眼镜反复戴上、摘下把玩儿的习惯，有人甚至还有将一只眼镜腿放在嘴边或嘴里的习惯。事实证明，这是一种下意识行为。将眼镜腿放在嘴边基本上是一种消除疑虑、慎重思考或拖延讲话时间的一种肢体语言。那些不戴眼镜的人还会用钢笔、手指、香烟等物品取而代之。在平时做练习或考试时，特别是在遇到难题时，不难发现学生们经常会把手指或笔放在嘴边、嘴里，或用手指擦鼻子及用手指抵着下巴。

同吸烟的人一样，将眼镜放到嘴边可以用来拖延做出某项决定的时间。

其实，摘眼镜的动作有时也会在教学课堂上产生特殊的效果。老师在讲话时将眼镜摘下，而听学生讲时再戴上，这不仅能给学生一种平易近人的感觉，而且也能使老师在讲课时把握住控制权。因为，当老师摘下眼镜时，学生一般不会抢他的话头，而当他将眼镜戴上的时候，学生就可以开口说话了。

有很多人认为戴墨镜的人大都显得高傲、严肃、难以接近。其实，这些感觉主要源于墨镜本身，因为墨镜能将人的眼睛掩藏起来，使人无法观察他的瞳孔变化，所以觉得难以接近。因此，戴墨镜者在同他人交谈时，应主动摘下墨镜，否则有碍于彼此交往。

以“鞋”识人亦有道

自古罗马时代起，人们就开始用鞋来标志一个人的身份。出身高贵或者受过良好教育的人幼时就会受到这样的传教——鞋不仅仅单纯起到保护脚的作用，它更是一个人身份的象征。在英国，人们更是常常以“鞋”取人，因为，他们认为鞋是一个人真实情况的展现。所以，在观察他人时，不要认为鞋是微不足道的，它一样会让形象大受影响。

同样，从一双鞋中，还可以看出这个人的性情。对于很多人来说，鞋是判断一个人品性的检测器。

那些始终穿同一款鞋，钟情于一种品牌的人，思想独立，很重视自己的感受，不愿受他人的左右。他们清楚自己的喜好，从不违心做任何选择。做事谨慎小心，只在深思熟虑后做决定，并会竭尽全力去完成。他们重视家庭和朋友，是较为忠诚和专一的人。

喜欢运动鞋的，也喜欢轻松舒适的生活环境，一般是持积极乐观态度的人，他们待人亲切和善，是令人感到轻松和愉快的朋友。但生活规律性不强，较随便。

钟情普通的、没有鞋带的鞋的人，可谓鞋如其人：一样普通，没有任何特别，穿着中规中矩，思想传统保守。他们的意识随从大众，表现欲望不强烈，但非常追求整洁。

有些人喜欢时髦鞋子，追着时尚同步流行，这类人是永远不会被落下的时尚群体。正由于有着对时尚的敏感度，他们很容易接受新鲜事物，表现欲和虚荣心也强。不过，有不切实际的倾向，时常不考虑时尚的东西是否与自己相符合。做事缺少周全考虑，容易顾此失彼。

绝大多数女性都喜欢高跟鞋，尽管她们明知道高跟鞋对自己的身体有损伤，但爱美的天性仍使之愿意尝试。这样的人，希望能引起他人的注意，认为高跟鞋可以让自己的身材更完美，走路的姿态更优雅，因此是表现欲望极强的人。

除了考虑身高的因素，喜欢穿坡跟鞋的人也多是女性。她们脚踏实地，思想独立。通常受过较好的教育，因此注重内在而不注重形式。大多为人低调，崇尚自然，不爱慕虚荣，讨厌矫揉造作。爱情上，崇尚浪漫和激情，但绝不会随意玩弄他人感情，无论是对人还是待己都非常负责。

喜欢拖鞋的是最随意的一群人，喜欢在毫无压力的状态下，追求自己的感受，很懂得享受生活。喜欢顺其自然，做任何事情时都不会苛求勉强，且不会为了任何人去轻易改变自己。

喜欢露出脚趾的鞋子的，这种人愿意暴露自己的脚部，因此多是外向的人，思想较前卫和先进，性情直率和爽朗，身上总是具有朝气和自由的特征。善于与人结交，是个说到做到、拿得起放得下的洒脱人。

至于那些喜欢靴子的人通常自信心不强，多是看中了靴子对脚部的掩盖比一般的鞋要多的特点，所以这是他们追求安全感的一种特殊表现，而标新立异的靴子也能给他们带来一定的自信。不难发现，这类人时刻对外界环境都保持着警惕，懂得在适当的场合和时机将自己不显山不露水地掩蔽起来。

领带，男人个性的宣言

在穿着西装的时候，每个男性都会搭配符合自己品味的领带，就像女性会选择相应的丝巾点缀服装一样。而就是这样一件辅助饰物，也能将男性的行事原则和人品秉性完全展露出来。美国学者指出，领带也是男性展现个性的一个方面，他们是保守、权威，还是严肃，都可以从他们的领带中有所察觉。仔细观察一个男人所佩戴的领带，能够了解他的个性风格。

首先，我们可以从领带的搭配中见到端倪。

利用绿色领带搭配黄色衬衫：此类人是富有青春活力和朝气的人。他们做事喜欢干脆利落，对事业和金钱的欲望颇强，并对自己充满信心。不过，有时会鲁莽冲动，自控能力不强。

利用黄色领带搭配绿色衬衫：这类人具有艺术气质，他们性情柔顺，与世无争，对待他人温和而礼貌。喜欢按照自己的理想规划人生，并愿意付诸实践。相信辛勤的付出就会有丰厚的回报，因此从不担心生活会出现经济拮据的情况。

利用蓝色领带搭配白色衬衫：一般将这两种颜色结合在一起的人，具有少年老成的气质。他们对待工作非常专注，事业心强。有时容易出现急功近利的表现。不过外在气质仍给人事业有成的表象，并风度翩翩。

利用多色领带搭配浅蓝色衬衫：选择这类搭配的人，通常有热衷名利的倾向，他们容易受到诱惑，看到五彩缤纷的世界容易心猿意马。所以在爱情中，往往是见异思迁，在事业上容易因为物质上的贪欲而受到影响。

此外，从打领结的习惯中我们也能发现透露个性的蛛丝马迹。

领带结小而紧：喜欢这样打领带的人，如果身材矮小，则说明他们想凭借这样的领带让自己显得更“高大”“干练”；

如果是正常身材，则说明他们气量狭窄，这种人紧张而疑心重，时刻处于警惕他人的状态，不允许他人显示出对自己的任何轻视和怠慢，否则会怀恨在心。谨言慎行的性格，让他们孤僻而自我，热衷于物质享受可却对他人非常吝啬，所以朋友较少。不过这正中他们下怀，因为如此可以防止闲杂人等来干扰自己的生活。

领带结松而大：这类人不在意外表，讨厌矫揉造作，是能将领带打到真正风度翩翩的境地的一类人。他们不喜欢拘束，是自由而浪漫的代表。性格积极向上，乐于主动与他人交往，在社交中如鱼得水、游刃有余，并深得异性青睐。

领带结适中：这样的人在打领结时一丝不苟，务必将之摆弄得恰到好处，说明这类人无论外在如何，都是非常注意自己身份举止的，可谓是彬彬有礼的绅士。他们在社交中注重言谈，且安分守己，带给人以和谐的美感。在工作中这类人也是十分敬业、勤奋上进的。

有些人非常喜欢本色领带，这类人的自我意识很强，说得好听些，这类人很有前途，也可以说能够脱颖而出，是属于出类拔萃的一种。相反，现在也有些人很不喜欢打领带，其实，这种人的自我意识也很强，不喜欢借助小小的领带来衬托自己的形象。

妆容“妆”出女人的内心

美容和化妆是女人的专利，女人可以装扮得有个性，有色彩，有品位；或者优雅，或者媚俗……化妆透露出女人心底的欲望和秘密。透过化妆，可以探知女人的内心世界。

喜欢淡妆，这样的女人大多没有太强的表现欲望。她们大多属于聪明和智慧的类型，不会将时间和精力都耗费在梳妆台前；往往有着自己独特的想法，而且敢打敢拼，所以较能获得成功；极少向他人透露心底的秘密，最希望别人尊重她们，对她们的难言之隐给予支持和理解。

喜欢浓妆与喜欢淡妆的人相反，这样的人大多数表现欲望非常强烈。她们不辞辛苦地将各种化学药剂涂抹在自己的脸上，并忍受痛苦用各式工具修饰五官，为的是吸引他人的目光，而他人的欣赏往往使她们心甜如蜜。前卫和开放是她们的思想特征，她们对一些大胆和偏激的行为保持赞赏的态度。她们真诚、热忱，一些恶意的指责并不能使她们受多大的伤害，她们对他人依然会很尊重。

唐代诗人李白的佳句“清水出芙蓉，天然去雕饰”，是对不爱化妆的女人最恰当的形容，而这种自然之美往往会给人一种耳目一新的感觉。她们不从表面上看问题，会静心地探究事物的实质，看人也是用心去剖析。

有的女人从小就开始化妆，这样的人会将自小养成的那套化妆理论和方法，延续到成年，甚至中年和老年。

其实这是一种怀旧心理在作祟，美好的过去让她们回味无穷，忘记现实中的烦恼和不如意，但她们依然保持头脑清醒，不会沉迷其中而忘记现实。她们讲究实际，会极力把握住现在的所有。她们热情善良，善解人意，拥有很多可以推心置腹的朋友。

有的女人把自己绝大部分时间都花费在化妆上，这样的人为了完成自己的目标不惜花费巨大代价，任何事情都追求尽善尽美，属于典型的完美主义者。她们倾尽所有也要使自己的容貌达到自己满意的程度，最主要的是她们对自己的才智和财力都有十足的把握，而唯一不自信的是自己的外貌，为了成为一块无瑕美玉，只好不停地审视自己，用化妆来掩饰不足，结果却可能适得其反。

有的女人在化妆的时候特别着意某一处，这样的人通常对自己有相当清楚的认识，对自己的优点和缺点知道得一清二楚，善于扬长避短。她们对自己充满了信心，坚信付出就会有回报，所以会脚踏实地地为自己的目标而奋斗。她们讲究实际，注重现实，不会沉湎于虚无缥缈的幻想之中。

她们遇事镇静沉着，对事情的判断坚决果断，但不能纵观全局的弱点往往使她们收获甚微。

还有的女人喜欢化怪妆，眼皮周围或是黑乎乎的，或是蓝幽幽的；嘴唇也是有时黑有时红，有时大嘴巴，有时小嘴巴。

喜欢如此怪妆的人把化妆当成宣泄感情的一种方式。她们通常具有强烈的逆反心理，现实生活经常与她们的愿望相悖，所以她们喜欢用一些非常规的思想和行为与社会对抗。

◎精准识人：看衣服选择知个人品性

西方有句俗话："你就是你所穿的。"一个人对服饰的选择，往往掺杂了个性因素，不仅仅衬托其外在的形象，也标注了其内在气质。因此，通过对每个人对穿着的选择可以判断他内心的本性。

1. 选择穿白衬衫的人

喜欢穿白衬衫的人，往往是缺乏主动性、判断力、羞耻之心的人。他们在色彩感觉上、装扮上都有非常优秀的品位；相反的，不论对什么服装，只要穿上白衬衫都能显得相得益彰。白色确实与任何颜色的服装都能搭配组合，关于这一点没有什么异议。同时，白色代表洁净。

白色与任何颜色都能搭配的优点，当然也能给人一种亲切感。有喜好穿白衬衫习惯的人，大多以工作为重心，是不折不扣的现实主义者，对工作有一贯认真的态度。这种人大多比较繁忙，有时候他们的工作态度不易为别人所接受。这类人容易自以为是。他们在生意场上常常是个躁动分子，极可能与他人起冲突，随时有大动干戈的事情发生，在人际交往中，遇到这类穿着的人要有戒备之心。这类人经常会为自己的失误寻找借口。

2. 选择穿粗直条整套西装的人

在一般工薪阶层人士的穿着习惯中，很少看到穿蓝色粗直条西装的人。大多数的自由职业者，为了掩饰事业上的不安全感，才喜欢穿这种整套的西装。

这种人前卫、时尚。由于对自己没有信心，又恐怕被别人发现，或者因为情绪上的孤独不安时，就会穿上粗直条整套西装。

与这种类型的人接触时，最好不要攻击对方的缺点。如果言谈的内容不假思索的话，会受到对方的攻击，因此需多加注意。

3. 选择穿背后或两旁开叉上衣的人

那些穿着英国制做的西装、带花纹的领带、小羊皮或羔羊制做的皮鞋，佩带珍珠袖扣、瑞士手表、高级的舶来品眼镜框、名牌打火机的绅士们，大多喜欢这种衣服。

这类人通常会给人以商界大亨或来头不小的感觉。而且这类人通常极具伪装性，故意显示出一副领导者的风范，但这种人通常让人失望。

这类人的金钱观念比较淡薄。对长期交易没有多少兴趣，往往特别注重短期交易，具有追求一夜暴富的倾向，属急功近利之辈。

一旦和他们进行交易时，必须详细调查他们的底细。对方为了慎重起见想暂停交易的话，他们则会施以强硬的态度。若他们采取冷静态度，他们会马上变为软弱战术。这类人士会对人轻易许诺。此时，你委婉推辞为上策。其实这种人的性格比较神经质，疑心重、嫉妒心强、独占欲旺盛，属于喜欢装饰外表并且好玩的典型。然而，观其外表又是一副诚实的模样。

第三章

闻声识人，领会言谈中的弦外之音

“言为心声”“闻声识人”，说话反映了一个人的心理品性、行为态度。说话体现一个人的思想性格不仅在于内容，还在于语调、语速、语气等细节方面，甚至在于眼神、手势等不经意的行为中。细心观察一个人的说话方式、用语习惯等，可以准确地窥探出一个人的情绪波动及性格特征。

闻声识人的 4 大窍门

一个人说话的声音往往反映其性格特征，透露其内心想法，我们可以通过声音的大小和声调的高低去辨别、判定对方的性格与心理。如果从面部表情、动作、言语等方面无法掌控对方的心态，就可以选择从声调上去揣摩这个人的情绪变化。

1. 高亢而尖锐的声调

如果一个人在交谈的过程中声调突然飙高，就说明他此时有些心虚，借提高声调来掩饰内心的慌乱；但如果一个人的声调是习惯性的高亢尖锐，反映的则是他自身的性格特征。通常情况下，这样的人比较敏感，对外部环境的刺激反应强烈。而从性格上看，他们比较富有想象力与幻想力，艺术细胞丰富，比较固执，不会轻易向别人低头认输，说起话来也是滔滔不绝。应对这类人，没有必要当面反驳，可以表现出谦虚的态度，让对方在心理上得到满足。

对女性而言，发出这种声调说明她们特别容易情绪化，为人也较爱憎分明。她们如果执着于某一件事，往往不会顾及其他，而且一般情况下，她们也会为一点小事而伤感情或勃然大怒；对男性而言，发出这种声调多属于狂热分子，只不过他们容易狂热也容易疲倦。

2. 温和而沉稳的声调

那些声音温和沉稳的人，一般属于慢条斯理温和类型的人。他们一般富有同情心，不会坐视受困者于不顾。或许刚开始与他们相识时很难同他们进行交流，但是他们却是忠实可靠的人。

而如果是女性，音质柔和、声调低则表明她们的性格多属内向，她们的情绪会受到周围大环境的影响，但同时也渴望表达自己的观点。与这一类人交往时，应该让她们尽情地抒发自己的观点。声调温和沉稳的男性看上去很老实，但其实他们也有较为顽固的一面，他们往往会固执己见，不会讨好奉承别人，也绝不会受别人意见的影响。

3. 沙哑的声调

声调沙哑的人，具有极强的攻击性。这样的人如果是公司的领导者，他会凭着自己的力量拓展势力，在公司团队里率先领导他人，而且具有愈挫愈勇的势头，并全力以赴。

对于具有这种声调特质的女性而言，她们的外表看似温柔，但却具有强烈的性格。即便对任何人都亲切有礼，也不会显露出自己的真性情，因此给人一种神秘感。她们可能在同性之间不受欢迎，却很容易受到异性的赏识。此外，她们对服装的品味要求很高，也往往具有音乐、绘画等方面的才赋。想要同这一类人打交道，最好不要将自己的想法强加于她们。具有这种声调的男性，往往是耐力十足的人。虽然他们对自己认定的事情，会充满干劲，但这类人最大的缺点是他们容易自以为是，会对一些看似不重要的事情掉以轻心，从而遭受不必要的损失。

4. 粗而沉的声调

发出这种粗而沉声调的人，具有乐善好施、喜好当领导者的个性，他们很活跃，不会安守本分。如果是女性拥有这种声调，她们会在同性之间有很好的人缘，也很容易获得别人的信任，因为她们比较容易相处；而如果是男性，所从事的行业常常是实业家或政治家。但是，这类人的感情比较脆弱，可他们又有强烈的正义感，因此要谨慎处理和他们的关系。

从一个人说话声调的高低中，能够读懂这个人内心世界的变化情况。因此，在与别人交谈时，可以通过声调来分析出与自己交谈的人的心态，以便彼此的交谈始终处于愉快的状态中。

洞察语速中的心理变化

一个心理健康且感情细腻的人，在不同场合或不同环境中会表现出不同的说话速度。从一个人说话速度的快慢中可以察觉、识别到这个人心里的所思所想。

在日常工作或生活中，每个人或许都会有自己独特的说话方式和说话速度。比如有些人天生就是性情缓慢之人，说话吞吞吐吐，不急不躁，就算再着急的事情，他也一样会用自己习以为常的缓慢语速来叙述给别人听；可有些人的脾气却非常急，说话速度能快到让人听不清他们在讲些什么，而别人也根本没有可以插嘴的机会。

不过，现实中大多数人的说话速度是介于两者之间的，这部分人采用的是中等的语速与人交流。总之，语速是每个人长期以来形成的固有性格特征所致。大多数情况下，说话速度缓慢的人大多比较厚道老实且性格属于内向类型，甚至还会给人木讷的感觉；而说话速度快的人，往往是比较精明的人，且热情外向，偏向于张扬的性格。

而在现实中，人们可以较深刻地感受到说话速度中传递出的人的心理特征。也就是说，人们可以从一个人说话速度的快慢中判断出这个人的心里最真实的想法。比如一个人平常与人沟通时口若悬河、伶牙俐齿，而当他们面对某个人或某件事情时，却变得反应迟钝，甚至是吞吞吐吐，那么这个时候就可以判定这个人一定是隐瞒了什么事，或者做错了什么事情。

一个男子可以在朋友面前谈笑自如，并保持很快的说话速度，可是一旦面对面和自己喜欢的女士沟通时，他往往就会变得不知所措，甚至不知道要说什么，有时即使有话要说也会含含糊糊，语速时快时慢。而这样的信号所传递出的心理特征就是：他喜欢这名女士。

一个平常说话吞吞吐吐、慢慢悠悠的人，性格多数比较软弱，缺乏自信。面对别人对自己指责的言语时，如果他采用了快速的说话速度并大声进行反驳，那么这就表明别人对他的话语是无端的诽谤，而他用快速的说话速度表明的正是他抗击无端诽谤的决心。但如果这个人吞吞吐吐，半天说不出反驳的话语，那么别人的指责可能就是事实，他由于心虚，缺少底气，才半天说不出反驳的话语。而当一个平时说话语速很快的人，或者说话语速一般的人，突然放慢了语速时，就一定是他想要强调什么，想引起别人的注意。

语速可以很微妙地反映出一个人说话时的心理状态，因而，只要你留意他的语速变化，你就准确捕抓到他的内心变化。

捕捉语气背后的心理信息

心理学家通过研究指出，语气往往是一个人情绪波动和心理变化的真实外在体现。如果我们能对对方的语气和心理活动之间的关系有足够了解，不仅可以避免使用不当语气，还可以通过对方的语气准确捕捉其心理信息，准确了解对方所思所想，为自己做出合理的言行寻求依据，最终达到理想的交流效果。

以下提供几个具体的语气类型分析：

1. 肯定的语气

使用肯定语气进行交流的人是非常自信的，他们对于自己的观点和行为都十分笃定。即使有人对他们产生怀疑甚至反对，他们也认为这只是暂时的，相信通过自己的努力，最终可以赢得大家的认可。另一方面，这类人也具有一定的客观分析能力，对自身和外部环境的了解都能做到准确到位。因此，这类人在现实生活中总是潇洒自如、信心满满。而最为难得的是，当这类人面对成功和赞美的时候，他们同样是理性并且客观的，正如他们在面对非议、质疑、反对和失败的时候一样沉稳。

2. 委婉、细弱的语气

钟情于这种语气的人性格中自恋的成分多一点，即使他们本身丑陋，或者才智平庸，他们自己也绝对不会这么认为。如果作为一名女子，这样的语气是无可厚非的，而且很可能是一种高素质和高修养的体现，尽显她们的柔美和温婉。但是在相关课题的研究过程中，心理学家发现，为数不少的男性说起话来同样像性格温柔的女性一样，这就说明行为人的价值定位和人生追求出现了一定的偏差。这类人在具体的工作生活中，关注自己的程度大大多于别人和整个外部世界，如果情况严重，这很可能是一个自闭甚至略带神经质的人。

3. 暧昧的语气

心理学家提示，暧昧的语气绝不仅限于恋人和亲人之间，很多人的暧昧语气是习惯性的。也就是说，他们无论面对什么人，无论在什么场合都会不加选择地在交谈过程中加入暧昧语气。暧昧语气可以在交流过程中消除隔阂，增进双方的感情，尤其是可以增进陌生交流者之间的信任和好感。但心理学家警示人们，暧昧的语气除了具有谄媚、讨好、没立场、无是非观念等负面影响之外，还表明这类人不愿承担风险和责任。他们努力营造融洽的交际关系，是因为可以将风险和责任平摊给每一个人，而当不良后果产生时，这类人往往是逃得最快的。

4. 盛气凌人的语气

盛气凌人的语气中虚张声势的成分会比较多一点，因为这实际上是一种畸形的自信，是一种建立在不自信基础上的抗争。当然，这种气势有时候也会起到一点积极作用，甚至在一定程度上达到了行为人的预期目的。而他们在实际中取得的胜利也是需要建立在对全盘的了解和掌控之上，他们需要具备扎实的功底，对自己和对手进行充分了解，并且对事情的发展规律与规则进行深度透析，谋而后动。所以，虚张声势无异于铤而走险、孤注一掷甚至以命相搏，即使最终成功，也是饮鸩止渴。

5. 条件语气

所谓条件语气，就是在交流过程中习惯性的地加入“如果”“假如”“假设”等条件词语的人，这类人的性格中最明显的特性就是不切实际。他们会在自己的头脑中将事情想象得几近完美，即使是一个细节甚至是旁枝末节也不会放过。不过，这类人的很多设想都是脱离实际的。他们可以将事情在纸上演化得合乎情理，完全在逻辑之内，但一旦应用于实际，他们的失败就在顷刻之间。此外，这类人面对困难和失败的能力也有所欠缺，他们很少从自身找原因，而总将责任归咎于别人或环境等客观因素。不过，从另一个角度来看，如果这类人从事一些书面上的工作，他们的价值还是能够得到实现的。

6. 信任性的语气

在行为人的成长过程中，长辈和领导往往会给出一些目标，如果行为人未能按期完成，就会伴随着一定的责备甚至惩罚。殊不知，这种促进成长的方式并不适用于每一个人，对于那些自我约束力强的人来讲，这种方式会产生适得其反的效果。很明显，目标引导方式可以使行为人的成长速度加快，但与此同时，也会给行为人带来压力。

因此，在行为人的成长过程中，指导者应该为行为人留出一定的自主成长空间，并对其发展给出一些指引。其中，最主要的一点就是要对行为人抱有信任感。

顺着话题，走入人心

美国心理学家斯坦利·弗拉杰曾经说过：“人的内心世界会通过语言表达在不知不觉中流露出来。在与人沟通交流时，只要仔细观察，就可以从谈话中看出这个人真实的内心世界。”

人们很容易地就会将情绪显现在自己谈及的话题里，所以我们要想准确读懂一个人的性格及内心想法，就要从与其谈及的话题里及说话者的相关状况中寻找答案。

1. 喜爱夸夸其谈、高谈阔论的人

往往志存高远，粗枝大叶，不太注重细节，闲碎小事不会放在心上。常常夸夸其谈的人，容易骄纵，虽然阅历、知识、经验广博，但是不精深。

2. 善于使用礼貌用语的人

在初次与人见面时，如果对方使用的是礼貌性用语，那就表明这个人具有比较高的学识和文化修养。这样的人大都心胸开阔，具有包容力，会给予他人足够的尊重和体谅。

3. 善于恭维他人的人

这类人观察力比较强，能够很快识别他人的心情，并投其所好，属于圆滑世故之人。因此，这类人性格弹性比较大，适应能力和应变能力都非常强，与不同性格的人都能保持良好的关系。

4. 用语简洁之人

这类人属于豪爽型，他们开朗大方，处事干练，一诺千金，拿得起放得下，具有开拓精神，充满着人格魅力。

5. 讲话时拖泥带水的人

这种人通常内心软弱，缺乏责任心，而且心胸不够开阔，经常会为了一点小事纠结。他们尽管对现状并不满足，但缺乏开拓精神，不愿意做出改变，这类人还很容易嫉妒他人。

6. 喜欢发牢骚的人

这类人属于好逸恶劳之人，他们贪图享受，却不愿意自己动手，只想享受别人的劳动果实。面对困难和挫折时总是选择退缩。他们对别人要求严格，却不能管束自己，自私自利，很少去为别人着想，总希望能从别人那里得到更多。

7. 喜欢使用方言讲话的人

这类人自信心比较强，具有魄力和胆量，能够努力做事，也容易成功。他们重感情，但不容易适应和接受新事物。

8. 在说话时喜欢引经据典的人

有些人喜欢在说话时引经据典，张口便是名言警句、中外典故。此类人通常比较博学，也充满自信，能够吸引到他人的关注。这种人大都有较强的表现欲，对权威主义比较崇尚，而且具有孤芳自赏的个性。另外，还有一种人，喜欢套用长辈的话，开头语往往是“我父亲说”“我母亲说”等。此类人往往比较谦虚好学，对别人的意见容易采纳，但也透露出依赖性强，缺乏主见的个性。

9. 时不时地在话语中穿插一些英语单词或句子的人

这类人大多性格开朗大方，并非常希望得到他人的肯定。但这种说话方式，也表明其内心的不自信和紧张。

10. 喜欢说“我怎么样”的人及喜欢说“大家”“我们”的人

有些人在说话时，习惯说“我怎么样”，这类人属于性格强势之人，这类人内心有着强烈的表现欲，同时也有着强烈的支配欲和占有欲，他们总希望自己来控制局面，成为其中的焦点。而喜欢说“大家”“我们”的人，则在为人处世方面更加周全一些，这类人大多时候能照顾他人的想法，是一个以大局为重的人。

11. 谈论的内容多倾向于生活中的琐事的人

是属于安乐型的人，注重享受生活的舒适和安逸。

12. 经常谈论国家大事的人

表明他的视野和目光比较开阔，而不是局限在某一个小圈子里。

13. 喜欢谈论他人私事的人

大多是有强烈支配欲的人。其与人交谈时，话题总是围绕着别人打转，喜欢探听别人的私事，议论他人的隐私，以女人居多。对于和自己没有多大关系的人，如社会名流、电影明星等，他们喜欢评头论足，说长道短。这种类型的人除了有支配心理之外，也缺乏知心朋友，心灵空虚、孤独，且不甘寂寞。

14. 好提当年勇的人

这类人属于对现实不满的人，虽然他没有用怨恨的语言倾诉他的想法，相反却用自我表现的方式表达出来。

15. 不断地变换话题的人

这种人有着极强的支配欲和自我表现意识，在他的意识中，很少把别人放在眼里，而完全摆出我行我素的模样，让别人都去听从他的主张，以他的意见为主导。

16. 不愿意对人指手画脚、进行评论的人

当面与背后的言辞也多会基本保持一致，说明这个人是非常正直和真诚的。

17. 在交谈时，会时常使用新名词、新理论的人

他们对新鲜事物接受得比较快。但是这类人没有主见，往往不能独立面对与解决困难，性情摇摆不定，优柔寡断。这类人如果能沉下心来认真地研究问题，锻炼意志，也会成为业务高手。

观说话语态，知个人性格

人与人的性格千差万别。在我们第一次与人见面时，想要迅速读懂他人，首先要先对他的性格特征有所了解，这样才能根据其性格特征，掌握他对待问题大概会采取的态度。初次会面，想要了解对方的性格特征，可以从其说话的态度和语态来大体做出判断。

一般情况下，每个人的说话语态，都能揭示出他的一些性格特征。

研究表明，一个人的性格特征是可以从说话的语态中体现

出来的。因此，从对方的口中正确了解其个性，是比较有效的方法。

每个人的语态都会与他人有差异，那么，当我们与某人第一次见面时，如何从一个人说话的语态中，判断其性格特征呢？根据不同的说话态度，可以大致分为以下类别。

1. 说话时喜欢小声嘀咕的人

这类人最大的特点是爱议论别人，属于当面不说背后乱说的性格。这样的人不容易相处，也很难得到朋友的信任。

2. 喜欢撅着嘴说话的人

有些人在说话时总是撅着嘴，这样的人通常具有愚痴的个性，他们愤世嫉俗，喜爱唠叨。而且大多比较自私，不能替他人着想，缺乏反省之心。

3. 说话时，语气像发怒的人

有些人在说话时，语气显得很冲，就像发怒一般。这样的人大多性格内向、心胸狭窄，总会给人感觉到他有些别扭的情绪。其实，这类人一般都比较正直，但自卑感比较强，缺乏社交性，看起来比较笨拙。

4. 讲话抖动的人

讲话抖动的人，大多有着急躁的个性。这类人通常比较焦虑不安，有浪费的习性，但又不善于赚钱。

5. 喜欢摸着下巴说话的人

有些人在说话时，总是习惯用手去摸自己的下巴。这类人通常过于自信，而且比较傲慢，喜欢轻视别人，具有阴险恶毒的性格。

6. 讲话木讷之人

此类人不善于讲话，但往往能赢得别人的信赖，因为他的话语能让人感觉到诚实。

7. 在说话时不看对方的人

生活中我们常常会遇到这样一种人，你跟他说话时，他的眼睛从不敢与你对视，此类人要么是因为害羞不敢看人，要么就是他所讲的话不是真话，所以不敢正视对方。

8. 喜欢打断别人讲话的人

这类人的个性一般比较易怒，反应快，所以常常在他人讲话时插嘴。这类人大都比较自私、轻率，不懂得体贴他人。

我们在初次与人见面时，通过对其讲话时的语气和状态进行观察、分析，大体是可以判断出对方的性格特征的。

口头禅——心声脱口而出

在现实生活中，每个人都可能会在无意之中说出一些口头禅。其实，这些口头禅是人们在不知不觉中自然而然形成的一种特有的语言习惯，它可以反映出人们的性格特征、行事方法等，是人们说话习惯的一部分。分析一个人的口头禅，对于鉴别对方的性格和为人有很大帮助。

1. 经常说“说真的、老实说、的确、不骗你”等口头语的人

比较在意对方对自己的评价，时刻担心对方误会自己，因而一再地强调“事情是真的，不骗你”。这些人的性格有些毛躁，十分渴望得到朋友的认可，一旦朋友对其产生误解、怀疑，他们内心就会极度不平衡，很容易因此做出一些偏激的事情。

2. 经常把“你应该、必须、必定会、一定要”放在口头上的人

通常遇事比较冷静、理智，遇到事情不会冲动，能够从容应对。这种人一般身处高位，在企业中担任领导职位，十分自信，能够担当大任。不过，如果这种口头语说得过多，则会略显专制、固执。

3. 时常把“听说、据说”挂在口头的人

做事通常会留下一定的余地，不会把话说绝。这种人见识广泛，但决断力不强，不适合当领导。通常情况下，这种人的人缘很好，因为他们处事圆滑，时刻给自己和别人留着台阶，因此很少和别人产生矛盾。

4. 经常说“可能是吧、或许是吧、大概是吧”等口头语的人

防备心很强，一般不会把自己的真实心理暴露出来。这种人大多从事政治、外交，经常跟政府高官打交道。由于自我防卫心很强，所以他们很难被人抓到把柄。即使在事情不明朗的时候预期错误，等到事情明朗时，他们也会这样说：“我早就

预料到了这一点……”因此，和这种人打交道时要倍加小心、谨慎。

5. 经常把“但是、不过”放在口头上的人

性格温和，说话委婉，不轻易把话说绝。由于这种人说话委婉，很少得罪人，所以很容易和别人打成一片。这种人通常在肯定别人的一些观点之后，就会采取转折的词语，来陈述自己的观点。

也就是说，这样的人一般说话时比较有技巧，懂得为自己的观点提供保护，并且会给自己的话语留下足够的余地。

然而，这样说话的人往往会给人一种圆滑的感觉。事实上也正是如此，他们所说的话少有建设性。而且，喜欢经常说“但是”“不过”等词语的人，心中往往有着否定他人的心理，甚至是为了否定而否定，这样一来，就很容易使得原本愉快的谈话最终变得索然无味。

6. 时常把“啊、呀、这个、那个、嗯”挂在口头的人

说话办事比较小心、谨慎，这种人通常是我们在日常生活中常见的“老好人”，当别人产生矛盾时，经常会调节矛盾，充当中间调解员的角色。

值得注意的是，一个人的口头语出现得太过频繁的话，他很有可能办事不够干练、意志不够坚定。

听出话外之意，领会弦外之音

中国有句老话叫作：“说话听声，锣鼓听音。”指的就是要注意说话方的“弦外之音”。生活中有大量的话不用直接说出来，话里带出来就行了，更有不能直言的意思，得靠暗示来表达。这就要求我们要善于听出话外之意、弦外之音，这样才能在交流时更为精准地把握对方的想法，达到顺畅沟通的目的。

第二次世界大战中期，东条英机出任日本首相。此事是秘密决定的，各报记者都很想探得秘密，竭力追逐参加会议的大臣采访，却一无所获。

有位记者细心研究了大臣们的心理定式：谁都不会说出由谁出任首相，假如问题提得巧妙，对方会不觉地露出某种迹象，从而有可能探得秘密。于是，他向一位参加会议的大臣提出一个问题：出任首相的人是不是秃子？

当时，日本首相有三名候选人：一是秃子，一是满头白发，一是半秃顶，这个半秃顶的就是东条英机，在这看似无意的闲谈中，大臣没有想到其中暗藏机关，因为他在听到问题之后，神色有些犹豫，没有直接回答问题。聪明的记者从这一瞬间，就推断出最后的答案，获得了独家新闻。因为对方停顿下来，肯定是在思考：半秃顶是否属于秃子？

毫无疑问，我们是需要“言外之意”的。毕竟在很多时候，有的话不能太直接、太明了。比方说，批评人时不能伤了人的自尊；给领导提建议不能让人觉得我们比领导都能干；面对别人的提问，我们有难言之隐，但也得让人有个台阶下；事情紧急，但涉及商业机密，只有我们的亲信才能明白的“暗语”是最好的选择……

相反，我们也可以利用根据上面的提示来揣摩对方的言外之意，然后再决定我们该怎样说，都应该说些什么。“说者有心，听者无意”是一种尴尬，“说得巧妙，听得聪明”是一种艺术，其间的界限判若云泥，看你怎么理解，怎么把握。当然了，首要的一点，是你千万不能小看了它。因此，听话者要能听出“字里行间的意思”，也就是说，听话者要对说话者的感觉产生反应，而不是对其话语。

多练习“解话”“接话”的功夫，可提高你表达言外之意及倾听弦外之音的本领。

在商场上，有时为了达到降低成本的目的，客户会用一些不存在的“实事”来进行试探或胁迫，我们称之为“伪理由”，这时候就看我们的“听力”如何了！

例如对方会说：

——“在别的经销商那里也有同样的商品，价格要便宜得多！”

——“产品是不错，不过我们还要考虑考虑！”

——“还有几家供应商，也来找过我们！”

其实要想判定对方所说是否属实并不难，只需要问得具体一些，对方便开始闪烁其辞了，毕竟真的假不了，假的也真不了。

同样的话对于不同的人来说有不同的含义，因此，在与人交谈时，我们要尽力揣摩对方话语中所隐含的意义，以做到应对自如。

言谈能显现出一个人的地位、性格、品质甚至流露内心情感，因此听弦外之音是“察言”的关键所在。只有正确地“察言”，才能在和他人的交往中把握他们的想法，更好地沟通。

天下无谎——识破谎言障眼术

人们对别人说的很多话都是不真实的，经常会说谎言、胡话，甚至捏造厚颜无耻的弥天大谎。据估计，人们每天会对碰见的1/3的人说谎。人们为了给对方留下好印象普遍会说谎，这在约会和恋爱中十分常见。美国马萨诸塞州大学的罗伯特·费尔德曼发现，在参加他的研究项目的人中，有60%的人在10分钟的会面里，至少说谎一次，多数人都在这段时间里说谎2~3次。

交谈上的细节特征，给识别谎言提供了线索。有些特征涉及对方说话的内容，有些特征涉及对方说话的方式。如果一个人在说话时伴有以下的表现，那就有必要考虑对方是否在说谎了。

1. 迂回陈述

说谎者往往拐弯抹角地说话。他们常常离题万里，提供冗长的解释。但是当被提问的时候，他们可能提供简短的回答。

2. 泛泛而论

说谎者的解释往往是粗枝大叶，很少注意到细节。他们几乎不提时间、地点和人们的感受。比如说，一个说谎者会告诉你，他去吃比萨，但是他不会告诉你，他去哪儿吃，或者他要了什么品种的比萨。即使说谎者提供了细节，他们也几乎不能详细地说明这些细节。所以，如果你要求一个说谎者做详细说明，他很可能只是重复刚说过的话。一个说真话的人被问到同样的问题时，通常能够提供更多新的信息。

3. 施放烟雾

说谎者提供的答案往往故意混淆视听：它们听起来好像一清二楚，实际一塌糊涂。说到没有意义的言论，比尔·克林顿在保拉·琼斯性骚扰一案中的著名回应就是一例。当被问及克林顿和莫妮卡·莱温斯基是什么关系时，克林顿回答说："这取决于'是'是什么意思。"另一个例子是被控逃税的纽约市前市长大卫·丁金斯的辩护词："我没有犯法，我只是没能按照法律要求的去做。"

4. 矢口否认

政治谎言往往以矢口否认的形式表现出来。当政客否认他要推出新措施（比如税收）时，你通常会把这当成他就要推出新措施的信号。正如奥托·冯·俾斯麦所言："不要相信政治中任何事情，直到被正式否定。"说谎者更可能使用否定性的陈述。比如说，在水门事件期间，当事人说："我不是个骗子。"当事人并没说："我是个诚实的人。"

5. 斟词酌句

说谎者很少提及自己。与讲真话的人相比，他们使用诸如"我""我的"之类词语的频率低得多。撒谎者在话语中往往泛化，频繁使用诸如"总是""从不""没人""人人"等词，借此在精神上使自己远离谎言。

6. 免责声明

说谎者有可能使用诸如"你肯定不会相信这个""我知道这听起来很怪异，但是""我向你保证"之类的免责声明。类似于这样的免责声明，是专门用来认可别人的疑心的，目的在于减少别人的疑心。

7. 时态

说谎者没有意识到，他可能有一种倾向，就是加大他们与他们所描述的事件之间的心理距离。正如我们已经看到的那样，他们这样做的一种方式是斟词酌句，另种一方式是使用过去时，而不是现在时。

8. 语速

说谎是一种智力工作。因为除了评估自己谎言的可信程度外，说谎者还要将真相和谎言分开。这对说谎者的能力有很高的要求，他们不得不把说话的速度放慢。人们之所以在说谎前要停顿一下，是因为说谎的语速往往比讲真话的语速慢。当然，如果谎言被小心翼翼地排演过，情形自然不同。在这种情形下，说谎的语速与讲真话的语速是没有区别的。

9. 停顿

说谎者说谎时多有停顿，某些停顿充满了“嗯嗯、啊啊”的语言顿字符。编织谎言时涉及的认知工作也会导致更多的语误、口误和“开口错”。“开口错”就是人们刚说出一句话，然后再用另一句话取而代之。

10. 音高

某人声音的高低，通常是他们情绪状态的指标。因为，一旦人们心烦意乱的时候，声音就会提高。情绪与音高紧密相关。当人变得情绪化的时候，音高就会改变。音高的改变是很难掩饰和隐藏的。尽管音高的增加相当稳定，但通常有必要在听过某人在其他场合的发言后，再来确定他的音高是否增加了。

揭开网络聊天的帘幕

在当今社会，QQ、微信等网络聊天工具的普及推广，使得网络聊天已成为大众沟通的一个重要手段。在网上聊天，虽然相互间看不见表情，听不见声音，但是独特的网络语言却依然能将人们种种曲折的深层心理不知不觉地反映出来。在网上，通过文字、标点、特殊符号等传达的语言内容及流露出的语气，不仅能反映聊天者在社会阶层或地理区域上的特性，还能反映出他们个人的修养、个性和心理。

在网上聊天的人虽然形形色色，但只要我们掌握方法仔细揣摩，就能揭开网络的帘幕，把对方的年龄、性格、气质、想法弄得清清楚楚。

首先，从常用语气词分析。

1. 呀

言语里含有很多“呀”字就显得此人比较幼稚。喜欢用这个语气词的人，年龄通常都比较小，一般在20岁左右。

2. 呵呵

这种笑是成熟温和的男人的笑法，当他赞许或无法回答你的时候就常用“呵呵”来表示或掩饰。

他们是小女生的克星，那些青涩幼稚的小女生常常会被这些成熟的男人迷得晕头转向。她们想要制服他们，但又玩不转，到头来被控制的反而是自己。“大智若愚”是这些成熟男人的绝招。

3. 哈

喜欢用“哈”的人比较聪明，但是又很冷漠。这个词既不表示赞许也无褒贬之意。

4. 哈哈

这样的人比较开朗、豪爽。

5. 哈哈哈哈

这样的人豪爽，乐观，和他在一起你会很开心。但有时“哈”的连用也表示恶作剧得逞后的开怀大笑。

6. 嘻嘻

喜欢用这种语气词的人活泼调皮，古怪精灵，喜欢捉弄人。通常一些年轻的女孩常用。

7. 嗯

用这个词的人一般都比较温柔，能体贴人。这个词是女性常用词。

其次，从说话内容分析。

当两个人刚刚认识，还没说上几句话就开始说“我爱你”之类的暧昧语言，要么是年龄比较小的人，要么就是极其空虚的人。

认识很长时间，双方情况都了解得一清二楚后才说“我爱你”，这样的人知道克制，比较能掌握分寸，年龄通常在30岁左右。

不管在网上聊得多火热，从来不说“我爱你”的人城府很深，虚拟的网络和现实的生活能分开。这种人一般都是年龄比较大的成熟理智型人物。

再次，从常用标点符号分析。

1. 句子里点很多逗点

这种人做事一般都很急躁，性情比较刚烈。如果是女孩子，她就比较率真，有男孩子的性格。

2. 用很多符号装饰话语

喜欢用一些符号增加气氛，表达自己强烈的心情的人比较浪漫，讲究情调，年纪相对较轻。这种类型中一般女孩子多于男孩子。

3. 标点符号很整齐

标点符号用得非常规范，连句号都不落下，说明这个人耐心细致，做事十分严谨，应该是比较成熟的人。

4. 不点标点符号

从来不点标点符号的人值得引起注意，这样的人一般都比较有心计，善于耍小聪明。同时，他们又很鲁莽，做事不留余地，是一个很难把握的人。

最后，从打字速度看。

如果某人打字速度非常快，但是错字连篇，这样的人大都是些年轻人。他们做事毛躁，有强烈的表现欲。

如果这个人打字一向很快，突然节奏变慢，并感觉在敷衍你，那说明他不止和你一个人聊天，或是主要注意力不在聊天上，而可能是在打游戏。对于这样的人应该尽量不要关注过多，而应顺其自然。

如果这个人打字不是很快，但是说出的话幽默且富有哲理，则表明这些话都是经过思考的，这样的人一般都比较成熟稳重，有修养。

在网上辨别人虽然相对比较困难，但是只要方法得当，同样能够“明察秋毫”，将对方的心理分析透彻。

◎精准识人：言谈识人小技巧

事实证明，分析判断人的言语，是洞察人的心理奥秘的有效方法。从一定意义上说，言语是一种现象，人的欲望、需求、目的是本质。现象是表现本质的，本质总要通过现象表现出来。言语作为人的欲望需求和目的的表现，有的是直接明显的，有的是间接隐晦的，有的甚至是完全相反的。对于那些直接表达内心动向的语言来说，每个人都能理解，正常的、普通的人际交往，就是以这种语言为媒介进行的。而那些含蓄、隐晦甚至以完全相反的方式表现心理动向的言语，就不是每个人都能理解的了，人与人的差别，大多也就发生在这里。

在与人打交道时，我们经常需要透过语言的表面，去看清对方的真实想法。这似乎很难，但只要掌握了规律，其实并不难。若我们能够透过对方的言谈话语，做到举一反三、触类旁通，反过来想想，倒过来看看，减少些虚假的东西等，那么就能发现人的深层动机，精准地判断、识别一个人的性格和内心想法。而这种识人的方法，也就是言语判断法。

除了上面所讲的通过话语识人的方法外，还有以下一些由言语而洞察人心的具体办法：

（1）在正式场合中发言或演讲，开始时就清喉咙，多数是由于紧张或不安造成的。

（2）说话时不断清喉咙，改变声调的人，可能还有某种焦虑。

（3）有的人清嗓子，则是因为他对问题仍迟疑不决，需要继续考虑。一般有这种行为的男人比女人多，成人比儿童多。儿童紧张时一般是结结巴巴，或吞吞吐吐地“嗯”“啊”，也有的总喜欢习惯性地反复说“你知道……”。

（4）故意清喉咙则是对别人的警告，表达一种不满的情绪，意思是说如果你再不听话，我可要不客气了。

（5）口哨声有时是一种潇洒或处之泰然的表示，但有的人会以此来虚张声势，掩饰内心的惴惴不安。

（6）内心不诚实的人，说话支支吾吾，这是心虚的表现。

（7）内心卑鄙乖张的人，心怀鬼胎，因此声音会阴阳怪气、非常刺耳。

（8）有叛逆企图的人说话时常有几分愧色。

（9）内心渐趋兴奋之时，就容易有言语过激之声。

（10）内心平静的人，声音也会心平气和。

（11）内心清顺畅达之人，言谈自有清亮平和之音。

（12）诬蔑他人的人闪烁其辞，丧失操守的人言谈吞吞吐吐。

（13）浮躁的人喋喋不休。

（14）心中有疑虑、思想不定的人说话总会模棱两可。

（15）善良温和的人话语总是不多。

（16）内心柔和平静的人，说话之时总是如小桥流水，平柔和缓，极富亲和力。

“世事洞察皆学问，人情练达即文章。”作为社会中的人，获取良好的人际关系，必须善于从对方的一言一行中捕捉对方的意图，如此才能更好地跟形形色色的人相处。

第四章

动作识人，破译动作中的真实意图

“行由心出，动为意现”，意思是说行动是由心中意念而展现出来的，头、手、脚、腿等身体各部位的动作，都在悄悄传递着人的心理、情绪、性格等重要信息。即使一个人再怎么掩饰，而动作是无法掩饰其内心世界变化的。留心察看他人的细微动作，可以探出其真实个性。

头头是道——辨识头部小动作

西方行为研究专家把各种会议的场面拍成录像片，结果发现，人们在会议上的情绪和态度不同，头部动作也有明显的不同。并且，随着情绪和态度的变化，头部动作也会发生变化。因此，研究者认为，一个与会者，对演讲人的观点所持的态度如何，一看他头的动作，就能知道个大概了。这就告诉我们，观察一个人的头部动作，有助于我们正确辨识一个人的内心想法和为人方式。

1. 直竖着的头

这一头部动作的含义是“不偏不倚”。在中国古代哲学中，有所谓“不偏不倚谓之中”的说法。身体语言学的研究表明，一个人对于所听到的事表示中立态度时使用直竖着头的动作，通常头保持不动或有时轻轻地点头。

2. 斜偏着的头

头要是倾向一侧，则表示有了兴趣。达尔文很早就发现人类和动物一样，在看到感兴趣的事物时会把头斜向一侧。如果你在向人们演讲，那么多注意听众的这种头部动作。当你看到他们斜着头而且采取手摸着下巴的动作时，你就成功了一半。女人用这种动作则表示对英俊男性感兴趣。当别人在对你说话时，你只需要斜着头并且不时点头，就会使对方有温馨的感觉。

3. 向下低着的头

头要是低着就意味着否定的态度。通常这一头部动作伴随着严厉的面部表情，除非你能使听众的头抬高或斜向一边，否则沟通就会有困难。一个演说者就会常常碰到听众都低着头、交叉双臂的场面。职业演说家或教练员通常会在演说之前，先想办法调动听众的参与感，使听众能抬头，进而使他们参与。要是能成功的话，听众的下一个头部动作就应该是斜着头了。

4. 用双手在脑后反托着的头

这种头部动作常被自认为很得志的年轻经理们使用。在西方社会，有些职业人士也习惯用这种动作来显示自己不同于常人。例如会计师、律师、业务经理、银行经理，或一些感到自信、有优越感的人。要是我们能看穿他们内心的话，做这一头部动作的人可能在想："答案我全知道"或"或许将来你会跟我一样行"，甚至"一切都在掌握之中"之类。自认"全知"的人常用这种动作，而很多人不喜欢这种动作。律师常用这个动作向同行表示他是多么能干。这一动作也被用来表示某块地区是某人所有的领域。使用这个动作的人若同时将腿叠成像4字形的动作，表示这人不但觉得高人一等，同时也想与人争辩。

5. 拍打头部者

拍打头部这个动作多数时候的意义是表示对某件事情突然有了新的认识。如果说刚才还陷入困境，现在则走出了迷雾，找到了处理事情的办法。拍打的部位如果是后脑勺，表明这类人敬业，拍打脑部只是为了放松一下自己。时常拍打前额的人是个直肠子，有什么说什么，不怕得罪人。

6. 经常摇头或点头者

经常“摇头”或“点头”以示自己对某件事情的肯定或否定看法。他们在社交场合很会表现自己，却时常遭到别人的厌恶，引起别人的不愉快。经常摇头或点头的人，自我意识强烈，工作积极，看准了一件事情就会努力去做，不达目的誓不罢休。

手会说话，看手语识别人心

手可以充分表达感情，人类的手指十分灵敏，可以感觉到振幅只有0.00002毫米的振动。我们也习惯于在说话的同时比比画画，或者完全用手势来表达感情，有时一个温柔的爱抚胜过千言万语。原始人类曾经用全身各个部位的肢体语言进行交流，在有了口头语言之后，最初的肢体语言都逐渐被淘汰，除了手势。

古人说：十指连心。现代科学研究证明，手指是人体中触觉最为敏感、肢体动作最多的地方，所以观察一个人说话时手和手指的动作变化，往往能及时捕捉到他发出的各种信息。

1. 十指交叉是在掩饰消极和不安

一般来说，做出十指交叉手势时手的位置的高低似乎与消极情绪的强弱有关。有的将十指交叉放在膝上，也有的站立时将十指交叉放在腹前。按交往的经验而言，高位十指交叉比中位十指交叉更显得高深莫测。正像所有表示消极情绪的姿势一样，要想让使用这个姿势的人打开紧紧交叉的十指，是需要付出努力的。否则，对方的不安和消极是无法改变的。当我们演讲或是日常生活中与人交谈时，如果遇到情绪消极的情况，做出十指交叉的手势，可以在心理上起到自我保护的作用，从而使谈话更少受到消极情绪的负面影响。

2. 数拨手指

一般情况下，数拨手指，是在说明某些数字和条件时，需要特殊强调而增加其说服力和清晰度，采取的一种手势。

某领导布置工作，涉及一些数字和条款时，为了不让听者混淆，也常数拨手指。我们在汇报工作时，也常数拨着手指。这样，就显得更有条理一些，不给人一种笼统和混乱之感，从而也能使自己的说话魅力形象更加鲜明。

3. 指尖相会敲击

如果在谈话时，有人将双手合十，指尖相互敲击，这说明什么呢？

这说明，指尖在寻找自己的期望跟对方建议的切合点。在这种情况下，绝不能重复提出建议，而是应该自问，我的建议跟对方的期望值的差距在哪里？提出新的方案也是一个解决方法。

识别手掌语言，识人了如指掌

最不被人们注意，但却是最有力量的肢体语言信号就是手掌的动作和姿势。在日常的交往中，人们采取两个基本的手掌姿势。第一个是：手掌向上，用以表示顺从、无可奈何、没有威胁性的姿势，它使人想到街头乞丐乞讨的姿势。第二个是：手掌向下，表示向下压或者克制。

除了手掌向上和手掌向下两个基本手掌动作外，人们在与他人交谈或是做报告、演讲时还表现出其他的一些手掌动作，下面一一加以说明。

1. 双手摊平

双手摊平，表示坦诚、真实，同时也能鼓励对方坦诚相待。

当人们开始说心里话或说实话时，总是把手掌张开显示给对方。像大多数体态语言一样，这一举止有时是无意识的，有时是有意识的，它都使人感到或预感到对方将要讲真话。相反，小孩在说谎或隐瞒真情时总是将其手掌藏在背后。当夜晚与伙伴们玩耍通宵方归的丈夫不愿对妻子说出他的去处时，常常将手插在衣兜里或两臂相抱将手掌藏起来，而妻子则可以从丈夫隐藏的手掌上感觉到丈夫在隐瞒实情。

西方有心理学家断言：“判断一个人是否坦率或真诚，最有效、最直观的方法就是观察其手掌姿势是否双手摊开。”当人们愿意坦率地表达意愿时，就向人们摊开双手，说：“没有什么值得隐瞒的，让我坦率告诉你吧。”

2. 手势下劈

手势下劈，给人一种泰山压顶、不容置疑之势，使用这种手势的人，一般都高高在上，高傲自负，喜欢以自我为中心。他的观点，不会轻易容许人反驳。伴随着这个动作的意思是：“就这么办”“这事情就这样决定了”“不行，我不同意”等话语。

日常生活中，我们也常遇到一些领导，他们在讲话时，为了强调自己的观点，把手势往下劈。每当这个时候，听者最好不要轻易提出相悖的观点，对方一般也是不会轻易采纳的。平常与同事或朋友三五成群地争论问题，有人为了证明自己的观点而否定别人的观点，也常用这种手势来否定别人或是打断别人。善于识别这种手势语言，有助于我们为人处世采取适当的姿态。

3. 手势上扬

手势上扬，代表着赞同、满意或鼓舞、号召的意思，有时候也用以打招呼。朋友见面，远远地扬起手：“Hi！”“Hello！”演讲或说话时手势上扬，最能体现个人风格，表明演讲者或说话者是个性格开朗、豪放、不拘于形式的人。

手势上扬，是一种幅度比较大的手势动作，容易使人产生比较鲜明的视觉形象，引起人们对于形式美的富于内容的主观感受。

有人描绘法国前总统戴高乐：“当他进行公开演讲时，他的习惯动作是两臂向上。其目的只是为了强调他的讲话。有时他举着双手，把自己直挺挺的上身从桌上伸出俯向听众，好像要把演说者的坚定信念注入听众的心坎上。”

总之，手势上扬，是一种能显示出个人特点、很受人欢迎的手势，可以塑造出一种豪放、大度、有号召力的说话者的形象。

4. 攥紧拳头

一般情况下，在庄重、严肃的场合宣誓时，必须要右手握拳，并举至右侧齐眉高度。有时在演讲或说话时，攥紧拳头，则是向听众表示：“我是有力量的！”但如果是在有矛盾的人面前攥紧拳头，则表示：“我不会怕你，要不要尝尝我拳头的滋味?”显示的是一种果断、坚决、自信和力量。平时我们听人演讲或听人讲话时，他们攥紧拳头，证明这些人很自信，很有感召力。

一握知人心——握手的奥秘

不仅是手指和手掌的动作反映了一个人的性情，握手的动作也可能直观地显示一个人的性格和为人。通过观察一个人的握手小动作，可以准确地判定其性格特质。

握手时的力量很大，甚至让对方有疼痛的感觉，这种人多是逞强而又自负的。但这种握手的方式在一定程度上又说明了握手者的内心比较真诚。同时，他们的性格也是坦率而又坚强的。握手时显得不甚积极主动，手臂呈弯曲状态，并往自身贴近，这种人多是小心谨慎，封闭保守的。

握手时只是轻轻一接触，握得不紧也没有力量，这种人多属于内向型人，他们时常悲观，情绪低落。

握手时显得迟疑，多是在对方伸出手以后，自己犹豫一会儿，才慢慢地把手递过去。排除掉一些特殊的情况以外，在握手时有这种表现的人，性格多内向，且缺少判断力，不够果断。

不把握手当成表示友好的一种方式，而把它看成是例行的公事，这表明此种人做事草率，缺乏足够的诚意，并不值得深交。

一个人握着另外一个人的手，握了很长的时间还没有收回，这是一种测验支配力的方法。如果其中一个人先把手抽出、收回，说明他没有另外一个人有耐力。相反，另外一个人若先抽出、收回手，则说明他的耐心不够。总之，谁能坚持到最后，谁的胜算就大一些。

虽然在与人接触时，把对方的手握得很紧，但只握一下就马上拿开了。这样的人在与人交往中多能够很好地处理各种关系，与每个人都好像很友善，可以做到游刃有余。但这可能只是一种外表的假象，其实在内心里他们是非常多疑的，他们不会轻易地相信任何一个人，即使别人是非常真诚和友好的，他们也会加倍地提防、小心。

在握手时，非常紧张，掌心有些潮湿的人，在外表上．他们的表现冷淡、漠然，非常平静，一副泰然自若的样子，但是他们的内心却是非常的不平静。只是他们懂得用各种方法，比如语言、姿势等来掩饰自己内心的不安，避免暴露一些缺点和弱点。他们看起来是一副非常坚强的样子，所以在他人眼里，他们就是强人。在比较危难的时候，人们可能会把他们当成救星，但实际上，他们也非常慌乱，甚至比他人还要严重。

握手时显得没有一点力气，好像只是为了应付一件不得不做的事情，而被迫去做的。他们在大多数时候并不是十分坚强，甚至是很软弱的。他们做事缺乏果断、利落的干劲和魄力，常显得犹豫不决。他们希望自己能够引起他人的注意，可实际上，其他人往往在很短的时间内就会将他们忘记。

把别人的手推出去的人，他们大多都有较强的自我防御心理。他们常常感到缺少安全感，所以时刻都在做着准备，在别人还没有出击但有这方面倾向之前，自己先给予有力的回击，占据主动。他们不会轻易地让谁真正地了解自己，如果是这样，他们的不安全感更加强烈。他们之所以这样，在很大程度上是由于自卑心理在作怪。他们不会去接近别人，也不会允许别人轻易接近自己。

像虎头钳一样紧握着对方的手的人，在绝大多数时候都显得冷淡、漠然，有时甚至是残酷。他们希望自己能够征服别人、领导别人，但他们会巧妙地隐藏自己的这种想法，而是运用一些策略和技巧，在自然而然中达到自己的目的。

用双手和别人握手的人，大多是相当热情的，有时甚至热情过了火，让人觉得无法接受：他们大多不习惯于受到某种约束和限制，而喜欢自由自在，按照自己的意愿生活。他们有反传统的叛逆性格，不太注重礼仪、社交等各方面的规矩。他们在很多时候是不太拘于小节的，只要能说得过去就可以了。

解密手臂动作传递的信息

人在很小的时候，就学会用躲在障碍物的后面寻找保护的方法。每当看到陌生人或者遇到害怕的境况时，就会躲在父母身后或是桌椅、家具的背后来偷偷观察别人是否对自己有威胁。当我们逐渐成年的时候，已不可能像儿时那样无所畏惧了。现在，我们遇到危险时，躲避的动作也变得更加复杂起来。例如，人们逐渐学会用双臂放在胸前来保护自己。于是，手臂成为阻止他人伤害自己的最好屏障。但它的存在对于每个人来说，不单单是履行“保护”这一职责，各种不同的手臂动作，还有着不同的含义。

尤其是双臂交叉这一动作最常见，表现形式也最多样，因此其诉说的内涵也就最丰富、最耐解读。

当你将双臂交叉抱于胸前，就好比在你与对方之间筑起了一道障碍物，将你不喜欢的人或物统统挡在外边。这种姿势在人与人的交流中相当普遍，而且世界各地对这一姿势的理解也几乎完全相同：消极、否定或防御。

需要注意的是，有些人在思考问题时，也有将双臂交叉抱于胸前的习惯。这点同上面介绍的含义略有出入。通常，具有这种习惯的人，基本上是属于防卫心强的类型，性情多疑，不习惯对别人敞开心胸，永远和对方保持安全的距离，喜欢冷眼旁观整个世界。

除了双臂交叉这一典型常见的动作外，人们的双臂还会根据不同的情境，做出更为世故、繁复的动作，那么，它们的内涵又该如何解释呢？这就需要我们加以仔细的辨别、观察和解析。

日常生活中，我们能观察到的很多亲密动作，也是借由手臂做出的。在公共场合，当一对情侣走在路上，女孩用自己的手臂钩住男孩的臂弯，就像是在向众人宣告了两人的亲密关系，也表明了彼此的占有关系。从表面上看，它是传递一种同行的信号，但暗中也说明了女孩对男孩略微加以控制的心理，要象征性地展示两个人的关系，或者获得一种关系被确定的安全感。

此外，表示亲密的常用动作还有拥抱，这里指的是用双臂紧紧抱住对方的上身。由于受到礼节的约束，在成年人的社交世界里，不是关系非常亲密的人或在感情十分激动的情况下，人们不会做出这种举动。因为被人紧紧地抱着是一种强有力的体触经验，成年人会用热切的拥抱来表达对友人的友好、喜爱以及对事情的强烈反应。

与这些积极意义的表现不一样，在另外一些时候，人们并不希望别人看清自己的态度，从而会选择一些较为隐晦的动作来做掩护，低调的同时，不着痕迹地表露自己的情绪。例如部分交叉双臂的动作，这种动作是用一个手臂横过身体，握住或摸着另一臂以形成屏障。在陌生环境下参加社交活动的时候，人们常常也会因为同他人的关系生疏或者缺乏自信而使用这种姿势来保持一定距离。多数女性也容易选择这种隐晦的方式来表示自己的态度，以拒绝对方进入自己的内心世界，或者拒绝对方的想法。

一些隐藏技巧更为高超的人，会用一只手横过身体而握住另一只手臂附近的物品，如手提袋、手链、手表、衣袖等物品。利用这种更轻微的动作，来掩饰自己的不确定或者紧张。

除了上面这些，还有几种常见的手臂动作：

交叠的双臂。在足球场上，当由攻方球员发任意球时，守方的队友将组成人墙，并将手臂轻轻交叠，护住下体。因为在对方发球的威胁下，这个动作能让他们保护住要害，获得安全感。所以，交叠的双臂是紧张、追求安全感的表现。

挥动的双臂。在不同的文化中，挥动的双臂有着不同的含义。例如，在地中海文化中，挥动双臂是交谈中的一个辅助动作，用来帮助表达自己的观点；而在一些西方国家，则是表达某人无法自控，很愤怒。

打开或后扣的双臂。在电视荧屏上，当将官经过队伍时，会将双臂自然下垂，身体放松，这种姿势是一种自信的表现，说明他们是自在的、坦诚的、无可隐瞒的。偶尔，你还会看到他们将双臂后扣，并将手掌扣在一起，则说明他们很自信，无须别人保护自己。

心有所思，脚尖有所向

脚尖能够暗示人们不同的潜意识，而最直接的作用就是表现了人们感兴趣的方向。因为，当一个人上身在自身潜意识的作用下发生偏移的时候，下肢也会跟随着移动，而脚尖也就朝向了最感兴趣的人或事物。如果想要了解一个人的内心动态，可以留意他的脚尖动作。

例如在生活中，我们经常可以看到下面的场景：几个朋友一起结伴到餐馆吃饭，桌面上其乐融融，但桌子下面，却有着非常奇特的景观，即大家的脚尖都朝向了其中的一个人。其实，这就告诉他人，这个被指向的人才是人群中的主角。

脚尖朝里，有“刹车”作用。谁要是走路呈内“八”字形，上身就可能完全是打开的，但是在迈出了第一步以后，他就把自己封闭起来了。我们在这里看到的是一个犹豫不决的人，他处于停滞和前进的冲突之间。

用脚尖拍打地板所表达的意思与抖腿动作相似，也表示焦躁、不安、不耐烦，或为了摆脱紧张感。

在公开的场合或容易受人注目的场所，如果一个人不愿意把内心的焦躁不安明显地表现在脸上，或者不愿意用手或身躯做出大幅度的动作，那就只有用距离他人眼睛最远的、最不显眼的部位——足部来表达。

人在预感到要遭遇他人侵犯或有人要进入自己的势力范围时，他们对此要表示拒绝或不耐烦，往往用足尖拍打地板的动作来预告自己的心情或意向。向这样的人询问或谈问题往往会得到不愉快的结果。

作为脚尖行为的演化，伸长的脚也具有类似的含义。例如，在两个异性之间交谈的过程中，如果男性将一只脚伸向女性，以使两者之间的距离缩短，就表明男性对女性有好感，甚至想表达求爱的意思；相反，如果男性在站立的姿势下，脚向后缩，表明想拉远与交谈对象的距离，因为这个人让他感到乏味，没有共同话题。

脚在抖动，心也在“抖动”

心理学家指出，抖脚是一种防止血液循环停滞的行为。但进行深层的分析时，我们发现，某人不停地抖脚，其实别有用意。从身体和心理关系的分析研究，人们可以得知，身体某一部分的行为可以通过中枢神经传达到脑部而解除精神上的紧张或压力。所以，当一个人抖动脚的时候，也许正是在舒缓某些情绪。

根据心理学家的研究发现，在一个特定的环境下，经常抖动双脚的男人精神紧张的程度都很高。他们倾向于借助抖动双脚来疏解压力。所以，在面试等情况下，有的男性就会上身坐直，双手交叉放在腿上，但下半身却悄悄抖动脚部或腿部。另外，现实中，对任何事情都追求“完美”的人，因为现实总是达不到他的要求，也会频频抖脚以发泄内心的不甘。

通常，女性在同男性交谈时，若兴致勃勃地面向对方，身体放松，轻轻地抖动脚部，则表明她的心情很放松，也表现出了对对方的话语很感兴趣。假如对方突然转换话题或者说了不合时宜的话，则抖动脚部的姿势将立即停止。

有时，某个人在与他人谈话的时候，会不停地抖动一只脚或者整个身体都缩坐在椅子上，晃动双脚或者用脚轻轻敲打地面，幅度较大，而眼神也看着地面，或者四处张望。这些都是在说明，这个人感到很烦躁、厌烦，甚至厌倦。因为，脚是人们逃跑时最先运动的部位，当它们不断地进行晃动时，如果不是闲暇无聊，那就是这个人想要离开这里。

人们在心绪不宁的时候，身体也容易抖动。所以，当内心情绪混乱或者有很棘手的问题无法解决时，就会眉头紧皱，不由自主地抖脚。因为他们希望快点思考出问题的解决方案和策略。通常这种动作是下意识的，在生活中很普遍。

说话的时候，有人喜欢用腿或者脚尖使整个腿部颤动，有时候还用脚尖磕打脚尖或者以脚掌拍打地面。无论交谈还是在休息，都做这种动作的人都是较自私的人，凡事以自己为中心，占有欲极强。所以，他们在爱情上很容易滋生“醋意”。他们待人吝啬，但善于思考问题，经常能为他人提出一些意想不到的主意。

警惕！他正施放假动作烟幕弹

并不是所有的动作都可以真实地展现一个人的内心动态和性情为人，出于某种目的，人们也会做出一些假动作来。假动作多见于说谎者。在求人者与被求者面对面时，被求者有时为了表示拒绝，可能编个谎话来搪塞。当然，求人者并不知道他在说谎，除非谎言当场被揭穿。然而这种情况很少见，大多数人是在事后才知道。而在当时被求者是毫无防备的，也许说谎者惯于此道，让人信以为真，但是总有一些动作或手势显现出他刚才说了谎话，只是求人者没有留意观察而已。

通常的假动作有以下几种。

1. 掩嘴巴

这是一种明显未成熟、还带孩子气的动作。用拇指触在面颊上，将手遮住嘴的部位称作掩嘴。也许说谎者大脑潜意识中他不想说那些骗人的话，而导致了出现掩嘴这一动作。

也有人假装咳嗽来掩饰其捂嘴的动作，分散他人的注意力。如果一个同你谈话的人常伴有掩嘴的手势，也许他正在说谎话。可当你讲话时，听者掩着嘴，也许说明听者觉得你的话令他不满意。有时，这种掩嘴的动作可能会出现不同的形式：用指尖轻轻触摸一下嘴唇；将手握成拳状，将嘴遮住。

当年，水门事件中的尼克松总统一边回答记者提问，一边随手抚摸自己的脸颊和下巴。这些微妙的动作在以前不曾有过。他的肢体语言已是一份“供词”，表明了他与水门事件大有牵连。

2. 摸鼻子

有时，当一个人说谎后，会有一种愧疚感进入大脑，于是大脑会下意识地指示手指去捂嘴，但是，到了最后的环节，又害怕别人看出他在说谎，因此，只是很快地在鼻子上摸一下，马上就把手放下来。当一个人不是在说谎，那么，他触摸鼻子时，一般要用手在鼻子上摩擦一会儿，或搔抓一下，而不是只轻轻触摸一下。

3. 擦眼睛

有些人在说谎时，会去擦眼睛以避免与人的目光接触。对于男人来讲，擦眼睛较用力。如果是说大谎时，他会转移视线，如用眼睛看着地板。而对于女人来讲，擦眼睛都是在眼的下方轻轻地揉。这样做一是为了避免动作粗鲁，二是怕弄坏了自己的妆容。为了避开对方的视线，她们常常眼看天花板。

4. 拉衣领

说谎的人感到对方怀疑他时，脖子似乎都会冒汗，这时他会下意识地拉一拉衣领。

5. 搓耳朵

有时，这种手势暗示着听者没有听出谎言。搓耳朵的变化形式还包括拉耳朵，这种手势是小孩子双手掩耳动作在成人动作中的一种重现。搓耳的说谎者还会用手拉耳垂或整个耳朵朝前弯曲在耳孔上，对于听者来说，后一种手势也是厌烦的标志。

6. 挠脖子

说谎者在讲话时经常会用写字的那只手的食指挠耳垂下方部位。有趣的是这种手势要重复五次左右。

◎精准识人：辨识下意识动作的信号

人虽然是理性动物，但却不能完全控制自己的下意识动作。

一般来说，一个人有意识的动作，多出自表演的目的；与之相反，无意识的动作却是发自自然、出自天性的。正因为如此，通过一个人某些无意识的动作，可以精准地知晓他内心很多真实的想法或情绪状态。

人的无意识动作与神经的类型有关。我们在观察这种类型的人时，与其看他们的体格，倒不如以他们强烈的感受性来分析他们的性格来得妥当。由于他们强烈的感受性，对于自己身边的事情，都有非常敏感的反应，因此常有留意周围人的动静的习惯。

一般情况下，我们常常通过手足活动来表露感情。有时，人们即便隐藏了面部表情，可还是很容易引起指尖和脚的活动，将体态活动变为频繁的局部活动，即把感情所表露出的张力转换成了活动量，而所有这些活动都是在无意识的状态中进行的。就像我们面对外国人时，假使不能以语言充分表达思想，通常也会借助手脚来表情达意。

在众人面前演讲时，有时情绪一紧张，人们也会自然而然地比划手脚，或者开始扭动麦克风线。

在打电话的时候，很多人会玩弄电话线，此种动作也是由于潜意识中无法以语言充分表达思想所采取的手的辅助作用。

在彼此信息交流最旺盛的时候，频频出现弹指、搔鼻、拭脸等与交谈内容无关的动作时，表示该动作发出者并没有认真倾听对方的说话，其心理上已经出现了障碍。很多时候，这种下意识的动作，是表示厌恶对方的一种无言的信号。

比如当你去朋友家做客时，虽然主人依旧和你像往常那样天南地北地神侃，但是你如果发现他不停地弹烟灰，用手指像弹钢琴般地轻敲椅子扶手，或者不时移动一下桌子上的东西，那么，此时你最好站起来告辞。因为他的表情虽然热忱，但他的手做出的那些无意识的动作已然在无意中告诉你了，他开始感到心烦意乱，提醒你该走了。

第五章

体态识人，捕捉姿态发射的信号

每个人在生活中都会表现出自己独特的身体姿态，体态无形中真实地映射出了一个人的情绪、欲求、个性以及人际关系等丰富内涵。观察人们的站姿、走姿、坐姿、睡姿等不同的身体姿态，能捕捉到丰富的信息，准确无误地辨识人们的性情和行事方式。

站有站相，亮出个性真相

一个人的站立姿势能传递出其个人的某些性格信息。仔细观察一个人的站姿，可以正确了解一个人的性格特征和行事方式。

那么，不同的站姿透露出怎样的性格特征呢？

1. 立正的站姿

这是一个非常正式的站姿，显示出一种中性的态度，不表达任何或去或留的倾向。在异性间的面谈中，女人比男人更常使用这个姿势，直立紧闭的双腿传达出“不置可否”的信号。学校的学生们在跟老师说话时经常保持立正的姿势，公司的下级跟上级汇报工作、人们见到王室成员或者雇员跟老板交谈时，也都采用这个姿势。

2. 稍息的站姿

把身体的重心放在一侧的臀部和腿上，这样就能让另一只脚伸向前方，稍作休息。在中世纪的画作里，那些身份高贵的男主人公总是保持着稍息的姿势，因为这样的站姿能够让他们展示自己精美的袜子、鞋子和裤子。这个姿势非常有助于我们判断一个人当下的打算，因为人们伸出的脚尖所指向的方向，往往就是他们内心想要去的地方，而且，这个姿势看起来也就像是一个人正要准备迈步的样子。如果是和一群人在一起聚会，我们伸出的那只脚，总是会朝向最幽默或是最吸引我们的那个人；但是如果我们想要离开的话，那只脚就会朝向离我们最近的一个出口。

3. 双腿叉开的站姿

这是一个传达支配意味的动作，属于非常典型的男性身体语言，如同展示胯部的站姿。这个站姿会把双脚坚实地踩在地面，仿佛在清晰地告诉别人，自己毫无离开的打算。展示胯部的站姿之所以成为典型的男性姿势，是因为这个动作能够强调男性的生殖器官，而这一点使得这个站姿显得颇有男子气概。

4. 双腿交叉的站姿

双腿叉开的姿势展现出开放或者支配的态度，双腿交叉的姿势则显示了保守、顺从或是戒备的态度，因为这种姿势象征着拒绝任何人接近自己的生殖器官。

双腿交叉的姿势不仅会传达出消极和戒备的情绪，它还会让一个人显得缺乏安全感，并且引发身边的其他人也相应地做出双腿交叉的姿势。

5. 剪刀型站姿

这一动作表达“不置可否”的态度，并且不打算就此离开。对于女人而言，剪刀型站姿或是单腿交叉（一条腿保持直立，另一条腿弯曲与直立的腿形成交叉）的站姿传达出了两个信息：第一，她会继续待在原地，没有离开的打算；第二，持有拒绝接近的态度。不过，如果是男人做出这样的姿势，虽然同样意味着留在原地的想法，但同时还表达出另一个意图：希望对方不要攻击自己的弱点。

细察站立者的眼神和双手

一个人站立时，眼睛、手部等部位或做出与身体姿态相适应的动作，因此，在观察一个人的站姿时，再通过观察他身体其他部分的动作，有利于更准确地把握一个人的性情和心思。

1. 收腹挺胸，目光平视

习惯采取这样站姿的人，大都比较自信或比较在意自己的形象。不过，人在心情愉快时，也会不自觉地采用这样的站姿。

2. 双手背向身后而立

习惯采用这种站姿的人，一般都很自信，喜欢掌控局势，或者把自己看作是居高临下的强者。不过，如果一个人将手背向身后而立时，一只手从后面抓住另一只手的手臂，可能表明此时他正在压抑着自己的负面情绪。但这种情况，在不同的环境中所表达的意思也有所不同。在服务行业中，这种站立的姿势，一般表明“我没有威胁”的意思。

3. 两手叉腰而立

如果一个人采用这种站立姿势，表明了他的自信心和心理上的优势；如果他的双脚分开，距离大于肩宽，躯体又呈膨胀感，则意味着有潜在的进攻性；倘若同时他的脚尖拍打着地面，则暗示着领导力和权威。

4. 站立时手插入衣袋中

采用这种站立姿势，通常表明一个人不想将自己的心思外露，他可能正在暗中策划某事。一般情况下，如果一个人将双手插入衣袋的同时，还呈现出弯腰弓背的姿势，可能说明这个人在生活或工作中遇到了不顺的事情。

5. 站立时喜欢靠墙或是靠着身边的人

习惯采用这种站立姿势的人，往往缺乏独立性，做任何事都喜欢走捷径。不过，这类人通常比较直率，而且容易接纳他人。

6. 站立时并拢双脚，同时两手交叉

这类人大都欠缺进取心，而且谨小慎微，喜欢追求完美。不过，这类人通常有很强的韧性，是那种个性平静且顽强的人。

坐姿百态，画出人心地图

每个人在坐着的时候都会呈现出不同的姿势，有的人喜欢翘着二郎腿，有的人喜欢双腿并拢，而有的人喜欢两脚交叠。

真是各种各样，千奇百怪。那么，这不同的坐姿又反映了什么各自不同的心理呢?

1. 自信型的坐姿

这种人通常将左腿交叠在右腿上，双手交叉放在腿跟儿两侧。他们有较强的自信心，非常坚信自己对某件事情的看法。如果他们与别人发生争论，可能他们并没有在意与别人争论的观点与内容。他们的天资很好，很有才气，总是能想尽一切办法并尽自己最大的努力去实现自己的理想。

2. 温顺型的坐姿

这种人坐着的时候喜欢将两腿和两脚跟儿紧紧地并拢，两手放于两膝盖上，端端正正。这种人一般性格内向，为人谦逊，对于自己的情感世界很封闭。这种坐姿的人常常喜欢替别人着想，他们的很多朋友对此总是感动不已。在工作上，他们虽然行动不多，但却踏实认真，他们能够埋头为实现自己的梦想而努力。

3. 古板型的坐姿

坐着时两腿及两脚跟儿并拢靠在一起，双手交叉放于大腿两侧的人为人古板，不愿接受别人的意见。这类人对无关紧要的事固执己见，性格怪癖、不懂变通、倔强，并且表情呆板，很难改变自己的决定。这种人凡事都想做得尽善尽美，干的却又是一些可望而不可即的事情。他们爱夸夸其谈，而缺少求实的精神。

4. 羞怯型的坐姿

把两膝盖并在一起，小腿随着脚跟儿分开成一个“八”字样，两手掌相对，放于两膝盖中间的这种人特别害羞，多说一两句话就会脸红，他们最害怕的就是让他们出入社交场合。这种人可以做保守型的代表。在工作中，他们习惯于用过去成功的经验做依据。不过他们对朋友的感情是相当真诚的，每当别人有求于他们的时候，只需打个电话他们就肯定会效劳。

5. 坚毅型的坐姿

这类人喜欢将大腿分开，两脚跟儿并拢，两手习惯于放在肚脐部位。这种人有勇气，也有决断力。他们一旦考虑了某件事情，就会立即去付诸行动。他们属于好战型的人，敢于不断追求新生事物，也敢于承担社会责任。

6. 悠闲型的坐姿

这种人半躺半坐，双手抱于脑后，一看就是一副怡然自得的样子。这种人性格随和，与任何人都相处得来，也善于控制自己的情绪，因此能得到大家的信赖。他们的适应能力很强，对生活也充满朝气，干任何职业好像都能得心应手，加之他们的毅力也都不弱，往往都能达到某种程度的成功。他们还有个性热情、挥金如土的特点。

7. 开放型的坐姿

这种人坐着的时候常常将两腿分开较宽距离，两手没有固定搁放处，属于一种开放的姿势。他们喜欢追求新奇，偶尔成为引导都市消费潮流的“先驱”。不过这类人的日常行为举止着实不敢让人恭维，很多这种类型的人并没有认识到他们的轻浮给家庭和个人带来了烦恼。

8. 冷漠型的坐姿

这种人通常将右腿交叠在左腿上，两小腿靠拢，双手交叉放在腿上。

这种人看起来觉得非常和蔼可亲，似如菩萨，很容易让人接近。但事实却恰恰相反，别人找他谈话或办事，一副爱答不理的举动让你不由得不反思“我是否花了眼？”你没有花眼，你的感觉很正确，他们就是在传递着冷漠的信号。

落座之间，心理突现

不仅坐姿可以反映出人的性格，就是落座时的动作行为、方式也可以透露一个人当时的心理状态。

通过观察一个人的落座动作，可以辨识一个人的真实心理。下面就是一些典型例子：

1. 在他人面前猛然而坐

很多人都以为这是一种随随便便、不拘小节的样子，其实不然，这个举动恰恰反映出此人心神不宁或有不愿告人的心事，因此以这个动作来掩饰自己的抑制心理。

2. 坐在椅子上摇摆不定，不断抖动腿部或用脚尖拍打地面

这说明此人内心焦躁不安、有点不耐烦，这么做是为了摆脱某种紧张感。与你并排而坐的人，如果有意识或无意识地挪动身体，说明他想要与你保持一定距离，可又碍于面子不便挪动。

3. 舒适而深深地坐在椅内

这种坐姿表示他有着心理优势。所谓坐的姿势，是人类活动上的不自然状态，在心理学上常称它为“觉醒水准”的高度状态，随着紧张的解除，该“觉醒水准”也会降低。因此腰部是逐渐向后拉动，变成身体靠在椅背、两脚伸出的姿势。此姿势并非一旦发生何事，立即可以起立的姿势。这是认为跟对方不必过分紧张之人所采取的姿势。

4. 将椅子转过来、跨骑而坐

这种人一般自我意识比较强，总想唯我独尊，称王称霸。或者是当人们面临语言威胁时，或对他人的讲话感到厌烦时，想压下别人在谈话中的优势而做出的一种防护行为。

5. 喜欢面对着别人坐

这类人应该比较好相处，因为他们希望自己能被对方所理解。

6. 斜躺在椅子上

这说明他比坐在他旁边的人更有心理上的优越感，或者处于高于对方的地位。

7. 直挺着腰而坐

是表示对对方的恭顺，也可能表示被对方的言谈所打动，

或表示欲向对方表示心理上的优势，这些要视当时情况而定。

8. 始终浅坐在椅子上

这是一种处于心理劣势的表现，且欠缺精神上的安定感，也是缺少安全感的表现。因此，对于持这种姿势而坐的客人，如果同他谈论要事，或托办什么事，还为时过早，因为他还没有定下心来。

坐姿也是有性别的

在研究坐姿的过程中，肢体语言学家还发现，有些姿势是有性别的，例如有很多姿势男性使用的频率要远远大于女性。

1. 从骑跨椅子的姿势区分性别

生活中，我们可以看到一些男性在同他人说话的时候骑跨在椅子上。这类人通常都是支配欲望很强的人，他们倾向于控制谈话，并希望他人能够接纳自己的观点。所以，当他们发现双方的谈话没有按照他的预想进行时，就会对此次谈话产生厌烦的情绪，这时，他们潜意识中的控制欲望就会促使自己利用一些肢体语言来传达信息。

由于这个动作充分地展示了胯部，通常女性是不会做的。这种动作也会给男性带来安全感，因为骑跨椅子，将椅子作为隔绝自己与外部不安全环境之间的屏障，就像是在保护自己。

2. 从头枕双手的姿势区分性别

这种动作是两手叉腰的坐姿版本，和两手叉腰一样，手肘向外凸出，放在脑后，然后由发出动作者向后仰，头枕住双手。通常，这个姿势出现在管理者中，一般管理者容易在自己的下属面前做出这种姿势，他们利用这样的动作表示自信和无所不知。有时，那些自我感觉高人一等，或是对某件事情的态度特别强势、自信的人，也容易做出这样的动作，仿佛在说："一切都在我的掌控之中。"

女性因为身体上的特征，一般不会做出这样的动作，毕竟绝大多数女性还是羞于展示自己的胸部，所以头枕双手的动作在女性中很少出现。

走姿，行走中的性格"风景线"

不同的站立姿势可以准确体现不同人的个性特征，同样，不同的走路姿势也能真实地体现出不同人的个性特征。

1. 走起路来速度很快，且五指伸得笔直

这类人大多认真严肃，言出必行，只要想做什么事情，就一定努力去做，直到达成目标。这类人对自己要求非常高，能遵纪守法，为人稳重、成熟、富有责任感。只是过于严肃，往往给人留下太正经的感觉。

2. 走路时速度一般，手掌自然握成拳状

这类人属于行动派，说干就干，不喜欢拖泥带水。这类人很有正义感，喜欢帮助弱者，敢于仗义执言，在人际交往中，也比较受大家的喜爱。

3. 走路时习惯将手插在口袋里

这类人大多心思细腻，比较多愁善感。他们很看重感情，也很懂感情，因此，一生中会有很多感情经历。潇洒的外表，十足地吸引着异性，而身上偶尔流露出的忧郁气质，更为他们平添一种吸引他人的魅力。

4. 走路时速度较慢，双手五指自然弯曲

这类人属于自律性极强的人，但对他人却很宽容。他们看上去有点懦弱，但实际上非常有思想、有主见，是一个能成就大事的人。他们对待爱情也是忠贞不渝的。

5. 一边走路一边回头看

我们经常可以看到一些人，他们在走路时总喜欢一边走，一边回头看，好像后面随时会出现跟他有关系的人或事一样。这类人大都具有猜忌心理，而且有着较强的嫉妒心。

6. 走路时姿态很柔弱

这类人往往精神也很衰弱，即便有着强健的体魄，但往往经不起打击。因此，在遇到不幸时，会有精神崩溃的危险。

7. 走路时身体前倾

这类人通常内向、温柔而谦虚，有着良好的个人修养。虽然不苟言笑，但实际上很重感情，而且不喜欢向人倾诉心事。

在生活和工作中，人们不可避免地要和各种人打交道。交往未深时，如果仅从话语中去了解一个人，显然不会获得精准的信息，因此，需要从多个方面去观察，才能对对方有一个全面细致的了解。而一个人的走路姿势，从某种意义来说，是可以透露出其个性中的一些真实信息的。因此，在人际交往中，不要疏于对这方面的观察。

步伐读心术——步伐识人的学问

性格不同的人，走路的步伐形式是有较大差别的，因此，通过对方的步伐可以准确地了解一个人的性格和处世方式。

一个自信的人，即使在走路的时候，也有着地点。他从不奔跑，而是步履稳健。一个步子稳健的人，显示出来的是自信心和解决问题的能力。

注重细节的人步子较小。他们不太愿意承担风险，而是步步为营地占据自己的地盘。

挥动双臂，大步向前，同时也表明，他很难刹住脚步。他的决定，不管正确与否，无法阻挡。如果他付出了精力，就要发挥得淋漓尽致。

从容不迫的步子是从站立的位置开始的。把摆腿提高到不影响平衡的位置，然后摆腿变成了重力腿，于是后者取代了摆腿的作用。

如果步子再小一点，从容的自信就变成了一种审慎的行走方式。比起其他人来，同样走一段路，他们所花的时间也许要多一些，但是，犯的错误也会相对少一点。

步子小而快的人通常性格急躁，给人风风火火的印象。不过，他们大都行动力比较强，办事效率比较高。

步子过大会影响平衡。如果摆腿的动作幅度过大，在其站稳以前，重力腿就被拔了起来，这意味着，必须继续赶路，不能止步。喜欢冒险的人，走路就是这个样子的。在他们认为正确而充满成功希望的前进道路上，拘泥于细节是一种障碍。

走路踢脚的人，就像把球往前踢一样，喜欢领头，或者把问题从身边踢开。

走路时习惯迈方步的男人，性格稳重，不论遇到什么事，都能保持清醒的头脑，不会被带有感情色彩的东西左右了自己的判断和分析能力。这类男人洞察力很强，深谙世情。只是会经常感到压抑，活得比较累。

走路时呈现军事步伐的男人在走路时，总是迈着很齐整的步伐，双手有规则地摆动。这类男人大多具有较强的意志力，对目标专注，绝不会受到外界环境和事物的干扰。他们能充分发挥自己的所长，因此，在事业上会取得一定的成就。不过，这类男人比较“独裁”，为了达到某种目的可以牺牲任何东西。

探测睡姿中流露的潜意识

入夜，蜷缩的身体让我们彻底放松，解除一天的疲劳。但在你休息的时候，你的身体却并没有真正休息，习惯性动作总是在揭示着一些东西。

日本著名的肢体语言研究专家浅野八郎指出，一个人睡觉表现出的姿势，是一种直接由潜意识表现出来的肢体语言，是受意识控制极少的下意识动作，其所传达的信息很少具有欺骗性，能真实反映人的心理状态。所以，通过辨别一个人的睡姿，可以很轻松地看到他的本性。

1. 侧卧

胎儿型睡姿：侧睡，双脚并拢，身体曲成弓字形。这种蜷缩成母体内胎儿姿势的人，外刚内柔，坚强的外表下有一颗敏感的心。他们第一次见到别人的时候可能会害羞，但很快能放松下来。拱起的背部构成强有力的自我保护，当人正遭受痛苦挫折时，这种睡姿最能让人体验到安全感。

这类人具有极强的自我保护意识，并常常会紧靠墙壁而眠。对环境缺乏安全感，是心思细腻的人。他们情绪变化较快，前时兴高采烈，后时就会怒气横生，是不会遮掩自己性情的人。

如果进一步观察，他们把手放在两腿之间，或夹着被子睡觉，那多是性格温和有礼，气质高雅的人，只是太在意别人的眼光，时常因他人的看法而感到自卑。他们常常缺乏安全感，平时容易出现跷二郎腿、交臂抱胸等防卫姿态。

树干型睡姿：身体偏向一侧，双臂向下伸展，顺贴在身上。这类人大多性格开朗，爱与人交往，很多情况下显现出领导才能和号召力。不过容易轻信他人，过于天真。这种睡姿是悠闲自得的心境的体现，显示出他们对近段时间的生活工作或学习状态比较满意。

思念型睡姿：身体偏向一侧，双手向外伸展，与身体形成直角。这类人喜欢与人交往、性格外向，易融入集体。不过采用这种睡姿的人较多疑，有时甚至有点偏激和愤世嫉俗，很难接受不同意见。思念型睡姿是冷战或逃避问题的一种折射。

侧睡，双脚并拢，身体微曲：这类人属于外柔内刚型，表面温和，内心十分坚强。品行正直，个性强，富有正义感和责任感，且韧性十足。对待生活和工作一向坚持到底。他们给人稳重踏实的感觉，工作按部就班，不期盼迅速的成功。勇于付出，勤劳肯干，具有极好的经济头脑，能制订适合自己的理财规划，拥有较强的投资能力。

侧卧，一腿弯曲，一腿伸直：这类人自我意识强，固执己见，容易得罪朋友。他们脾气较大，来得快去得也快，容易急躁，出现不耐烦的情绪。性格刚毅、勇猛，做事大胆，是具有魄力的行动者。不过，他们也容易因为别人的小过失而疏远朋友，有喜怒无常的一面。

2. 仰卧

士兵式睡姿：完全仰面平躺，双手紧贴身体两侧。喜欢这种睡姿的人一般性格内向，比较保守。会一丝不苟地遵守严格的标准，久而久之会不自觉地严格要求别人。

海星型睡姿：身体平躺，双臂稍稍上举抱枕。这类人乐于助人，是非常好的倾听者，对人慷慨，朋友很多，但不喜欢成为焦点。

仰卧呈大字伸开：这类人天生乐观，性格开朗。为人通情达理，圆润周全，并且对朋友非常仗义，朋友拜托的事，总是摆在第一位。本性中好奇心强，喜欢挑战和冒险，乐于尝试新鲜的事物及产品。他们对生活较为散漫，出手阔绰，不懂理财，因此常常陷入经济问题中。此外，他们为人处世缺乏耐心，意志力不坚定，做事时常半途而废。

仰卧，一脚屈膝，一脚伸直：这类人敏感、新潮、爱慕虚荣，讲求物质生活。因此，金钱观念较差，喜欢逛街、购物，并从不节省。生活中，不拘小节，并具有较强的适应能力，能迅速接受新观念、新事物。另外，他们做起事来粗心大意，容易丢三落四，偶尔脾气暴躁，略有神经质。

仰卧，双膝曲起：这类人做任何事都讲求平衡，性格也较为注意均衡。他们追求正义和平等，因此性情开朗、乐观，能和任何人和平相处。在工作中，踏实稳健，能得到同事或上司的喜爱与信任。待人真诚的他们也能将自身的真诚和快乐传递到四周，感染他人，是较受欢迎的人。他们懂得自我控制，在发怒时，能够很快冷静下来，较少感情用事。不过，他们在面对心仪的异性时，会显得害羞，不敢表达自己的情感。

3. 俯卧

自由落体型睡姿：俯卧在床上，双手抱枕，脸偏向一侧。这类人易紧张，一般比较好动，常因缺乏预见性而行事鲁莽，他们对别人的批评一般不能虚心接受。

◎精准识人：解读体型，窥测个性

从一个人的言谈举止中，可以看出他的内心活动，通过对一个人的体型的观察，更可以看出对方的某种特殊的潜质。

英国的行为学学者雷咨蒙度·摩利斯说："人并不比其他动物特别高级或特别低级。"人也属于动物的一种。动物有不同的体型，人也有不同的体型，如肥胖型、枯瘦型、筋肉型。这样的体型出现在人类的身上，虽受多种因素影响，但多少可以表示一个人的性格。

现代科学虽没有以体测质的理论根据，但肢体语言专家通过多年经验指出，大致可依据以下5种体型来分析人的性格。

1. 体型筋骨强壮而结实的人

筋骨强壮、体格结实、筋肉和骨骼发达、肩膀宽大、脖子粗，这样的人多从事举重、摔跤和土木工程方面的工作。当然，在公司银行当经理的人，也会有这种体型的。这种人做事认真、严谨，在公司或银行里当经理是最恰当的。

2. 体型肥胖而脂肪厚的人

体型肥胖的人，往往胸部、腹部和臀部十分宽厚。这类人一般会兼有开朗、积极、善良、单纯的多重性格，且活泼、幽默。他们通常适于从事政治、实验工作或临床医疗领域。他们有敏锐的理解力，但对事情的思虑缺乏一贯性，言谈间极易因轻率而失言，并且自恃甚高，喜欢干涉对方。

3. 体型单薄而不成熟的人

在你的周围可能经常会见到如小孩般未成熟的体型的人。这种体型的人，通常具有强烈的自我意识。他们各方面都有浅薄而广泛的知识。这种人一旦受人冷淡摒弃时，嫉妒心会变得很强烈，形成一种歇斯底里的状态。对于这种人要特别注意。

4. 体型瘦而细条的人

瘦而细条体型的人最大的特征是心情不安定，情绪容易失去平衡，且容易混乱，但他自己本身却非常开心。其实这种性格是一种难能可贵的性格，具有丰富的感觉细胞，是生活态度非常慎重的人。他们如果从事艺术方面的工作，大多可以取得别人难以取得的成就。

5. 体型略为纤瘦但结实的人

这类人略为纤瘦，但身体结实，自我意识特别强烈，且很固执，对任何事情都喜欢挑战。有强烈的信念，充满信心，不论遇到怎样的困境，都努力争取成功。与这类人交往时，绝不可与他站成对立面，这种人具有抗争性和攻击性，他的偏执让他一直会把自己的观点强加给别人，直到被别人认可为止。

以上几种透过体型窥探内心的方法，虽具有一定的普遍性，但也不是完全无误的法宝。它们因人而异，学会正确的使用它们，在观察世人时才不至于陷入误区，伤人又误己。

第六章

情趣识人，揭开爱好中隐藏的天性

人的兴趣五花八门、不胜枚举，每个人的兴趣与爱好各有差别。譬如有人喜欢读书，有人喜爱音乐，有人喜爱运动，有人喜爱收藏……情趣爱好是一个人性格的镜子，折射着一个人的人生观、生活观、修养情操。深入解剖情趣爱好，可以揭开人们隐藏的天性。

兴趣爱好，反映人的情操

一个人的兴趣能够真实地反映其喜怒哀乐，性情品位。兴趣是我们透视、辨识一个人性情和为人的一个重要窗口。

通过兴趣了解他人的首要一点是了解对方的兴趣种类，即观察对方的兴趣属于哪一种。如果将兴趣划分为个人兴趣与团体兴趣的话，前者多属于逃避类型，后者则多半为情绪稳定型。

如果你发现一个人非常热衷于某项爱好，对收集的物品异常珍惜，虽然对这些物品有向人展示的欲望，却视如珍宝，绝不会借给别人，而且时时觊觎他人的同类物品。那么便可断定他们心理异常，应注意防范。

如果再观察这些人的工作态度，就会发现他们固守自我防线，极端厌恶别人越雷池一步。他们是典型的独善其身、自扫门前雪的人。

有一种人喜欢在别人面前故意若隐若现地炫耀自己有巨额金钱，这种人实际上过分节俭；还有一种人无论高兴还是不高兴，都有着强烈的购物欲望，他们属于欲求不满型的人；也有人平常非常吝啬，但对自己感兴趣的事，又不惜投资巨额，一掷千金连眉头都不皱一下，这种人多数在性格上有自卑感。

信奉“有钱能使鬼推磨”的人，属双向性分裂症型。假使你向这种人借一块钱，他则永久都要向你讨这份人情。并且他们对任何事情都要讲小道理，对于股票、土地、贵重金属的投资非常感兴趣。

按照计划使用金钱的人，虽然是很可靠的人，不过他精打细算得非常冷酷。这种人大多数不会将工资交给妻子。只有自己认为需要用钱，才肯心甘情愿地拿出来。

人类的兴趣种类繁多，不胜枚举，我们从兴趣探视人心时必须要注意这些细节：一般人在听到有关“兴趣”的话题时，无论自己有没有这类兴趣，都会参加进去做适当的附和，你需要判断出他是不是真的有这方面的兴趣。

假使某人对某种特定的兴趣表示出极端的厌恶，则表明他曾受到某种心灵的创伤。

比如：你正在与某位女性交谈，话题谈到音乐方面。本来双方谈得很愉快，却见她突然闭口不谈，而且脸上抹上一层哀怨的表情，这时你不妨转变话题，旁敲侧击地询问原因。她可能会说，她曾希望当一位音乐家，但由于父亲反对，未能如愿以偿。还有的人上小学时，在别人面前唱歌被取笑，自那时起便讨厌音乐了。

对这种极端排斥某种兴趣的反应，不要一味地认为是兴趣方面的问题，应当看到其背后是否隐藏着一种过去的生活体验与情怀。

否则，我们不仅失去了了解对方心理的机会，而且会在无意之中刺伤对方的心。

从饮食习惯准确推演人性

一般人的身体状况，通常由其饮食习惯决定，譬如肥胖的人多半喜吃甜食，肠胃不好的人容易紧张，这些都是基本常识。

而一个人的个性又与其健康状况息息相关，因此从饮食习惯去归纳一个人的个性，确实有一定的可信度。

1. 喜欢吃蒸制食品的人

性格比较内向，不轻易动怒，心里经常陷入犹豫、动摇的挣扎中，但很少流露出来。

2. 喜欢吃冷食的人

个性比较坚强，且不愿表现自己，给人不容易亲近的感觉。不过，这种人对大自然有浓厚兴趣。

3. 喜欢吃清淡食物的人

不太注重人际交往，不善于与人接近，情愿单独行事，性格倾向于沉静而内向。

4. 喜欢吃甜食的人

个性热情开朗、平易近人。但有些软弱、胆小。

5. 喜欢吃辛辣食物的人

善于思考，遇事有主见，吃软不吃硬，爱挑别人的毛病。

6. 喜欢吃炖煮食物的人

性情温柔，和任何人都谈得来，富于幻想，但对于幻想的事物能否实现，则一点也不计较。

7. 喜欢吃烧烤食物的人

上进心较强，较能专心致志，性情急躁，爱出主意，但又缺乏当机立断的勇气。

8. 喜欢吃酱菜的人

比较稳重，善于埋头苦干，做事有计划；缺点是，不太看重人与人之间的感情。

9. 不喜欢吃酱菜的人

没有架子，平易近人，有钻研精神，能吃苦耐劳，但兴趣易因挫折而放弃。

10. 喜欢吃油炸食物的人

富于冒险，容易触景伤情，时有大干一番事业的愿望；但稍受挫折就会灰心丧气，偶尔好乱发脾气。

11. 喜欢吃肉的人

多数有支配性的性格，领袖欲强，有进取精神。一般来说，特别嗜吃肉类的人，也是社交圈中比较活跃的人，特别容易与别人合得来。

12. 对所吃的食物不加以选择，常常是来者不拒的人

大多亲切而随和，在各个方面都不拘小节，更不会为一些鸡毛蒜皮的小事而计较。他们的头脑一般来说是比较聪明的，很有才华，而且精力相对旺盛，能够同时应付几件事情而做到游刃有余。

读书，读出人的志趣和修养

在心理学家眼里，读书不仅能增加一个人的知识和修养，还能在某种程度上反映出一个人的性格和心理。从一个人喜爱看的书，可以分析出其性格特点如下：

1. 喜欢阅读财经杂志的人

不喜欢安于现状，不甘寂寞，而且有知难而进的勇气，争强好胜，不愿屈从，最喜欢超越别人；崇尚权威，渴望荣誉，努力寻找发达的时机，为自己的人生谱写出光辉灿烂的一笔。

2. 喜欢读时装杂志的人

追求时尚，非常在意自己的外貌，十分顾及面子，在日常生活中会尽力改变自己在别人心目中的形象。出手大方，以掌握最新服装信息和流行趋势为乐事，以显示自己在此领域内的水平和能力；时间和精力都花费在了外表上，忽略了内在修养。

3. 喜欢读言情小说的人

非常注重感情，能够随着故事情节的发展而同小说人物一起悲欢。他们对事物有很强的洞察能力，自信和豁达。能够吃一堑、长一智，很快会恢复元气，有成就事业的可能。这种人以女性居多。

4. 喜欢看武侠小说的人

富于幻想，追求浪漫，心底深处有某种压抑很深的英雄情结，总是希望自己能出人头地；感情丰富，有时过于细腻，反而不受女性喜爱；个别人性格偏执，倔强，但不影响其引人注意的特性。此种性格以男性朋友居多。

5. 喜欢读历史书籍的人

创造力丰富，讲究实际，不喜欢胡扯闲谈，把时间都用在有建设性的工作上面，讨厌无意义的社交活动。古为今用，他们能够从历史事件当中汲取对自己人生有意义的东西；具有很强的分辨能力，深受周围人的赞赏。

6. 喜欢看通俗读物的人

喜欢看街头小报、期刊。他们热情善良，直爽可爱，善于使用巧妙而又幽默的话语活跃气氛。

他们有着非常强的收集和创造能力，趣味性的话题总是张口就来，经常成为办公室或社交场合中颇受欢迎的人物。

7. 喜欢看漫画书的人

一般都喜欢游戏，童心未泯，性格开朗，容易接近；无拘无束，喜欢自由自在，不想把生活看得太复杂；对别人不加防备，往往在吃亏上当后才发觉自己是那么的幼稚，能够吃一堑、长一智。

8. 喜欢读侦探小说的人

喜欢挑战思想上的困难，富于幻想和创造，想象力也很丰富；善于解决难题，面对困难能够从不同的角度进行分析，尝试解决，知难而进，喜欢挑战别人不敢碰的难题。

9. 喜欢读科幻小说的人

富有幻想力和创造力，常常被科学技术所迷惑和吸引，喜欢为将来拟定计划，但不讲究实际，缺乏持之以恒的精神；总是为他人喝彩，很少打造自己的辉煌，经常在幻想当中过日子。

10. 喜欢看传记的人

具有强烈的好奇心，谨慎小心，野心勃勃。他们在做出决定之前，一定会研究各种选择的利弊得失及可行性，绝不贸然行事。

他们会统筹全局，不打没有把握的仗，条件不成熟绝不会越雷池一步。

11. 喜欢浏览报纸及新闻性杂志的人（特别是那些喜欢看时事文章的人）

多属于意志坚强的现实主义者，且善于接受各种新思想。

读报，“报告”人的兴趣性格

报纸是一种信息载体，可以满足我们很多需要，使我们既可以了解身边的新闻，也可以纵观世界风云，报纸已成为人类生活必不可少的重要内容之一。而每个人都有不同的阅读报纸习惯，如有的人得到报纸后会如饥似渴地看个大概，有的人则会留到没事做的时候再拿出来细细品读。

通过观察其中的差异性，就足以看出人不同的性格。

1. 兴奋型

只要一拿到报纸，就会忘记置身何处，必先将报纸各版的内容了解清楚，哪怕时间紧迫，也置之不理。他们外向，富有活力，信心百倍，开朗乐观，喜形于色，喜欢热闹，反应灵敏，办事周到积极，不排斥新事物，适应性强，有时喜欢张扬，听不进他人劝诫。

2. 安静型

拿到报纸后，先把它搁在抽屉或桌边，尽快将工作做好，在没有他人干扰之下，再一版一版细细地阅读，重要之处剪下来存档。这类人性格内向、沉默寡言、自得其乐、不善空谈、自我约束力强、办事认真、有独立工作的能力，能够独当一面，对交际应酬不感兴趣，对他人也显得热情不足。

3. 活泼型

拿到报纸，会立刻一股脑儿先看个大概，选择自己感兴趣的内容，有时为了满足好奇心抢夺熟人的报纸；当发现没有自己喜欢的内容之后会把报纸搁置在一旁，偶尔抓过来作为他用。这种人大多性格外向、乐观风趣、不甘寂寞、善交际、兴趣广泛、有组织能力，但做事往往不能精益求精，有时敷衍了事，易惹是生非。

4. 抑制型

拿到报纸后，随便往抽屉或衣袋里一扔，等到空闲时才拿出来看，把阅读报纸作为解闷、排遣无聊的手段。这种类型的人性格内向、孤僻、多愁善感、处事不果断、缺乏魄力、不善交际、孤芳自赏，但富于想象力、善于体察别人、为人憨厚、不愿拂逆人意。

性情在音乐中尽情起舞

很多人和音乐结下了不解之缘，他们有的把音乐当成知己，把自己最深的感触向音乐倾诉；有的人把音乐当成毕生理想来追求，坚持不懈；也有的人把音乐当成导师，借用音乐的震撼来激发自己的活力和动力。我们也习惯称喜好相同音乐的人为“知音”，所谓知音难寻，指的就是每个人喜爱的音乐都不尽相同，而知音之所以可以相知相惜，就在于其个性想法相当。由此可知，通过分析喜爱音乐的种类也可以真实地窥探到人的某些性格。

1. 喜欢交响乐的人

信心十足，踌躇满志，凡事只想积极的一面，所以能够迅速和他人打成一片，但对别人盲目相信往往会导致吃亏和遭受损失。喜欢显露自我，处处显示自己的不平凡，希望上流社会能有自己一席之地，有不务实的缺点。

2. 喜欢听凄美歌曲的人

多愁善感，心地善良，体恤他人。歌曲如他们生命历程中的灯塔，指引他们前进的方向，他们人生中的大起大落，音乐常常起了推波助澜的作用。

3. 喜欢歌剧的人

思想传统保守，容易情绪化，易出现偏激行为。他们清楚自己的这个弱点，所以总是极力控制自己，避免产生不愉快。有很强的责任感，对自己的一举一动认真负责，力求以一个完美的形象出现在大众面前，处处要求尽善尽美。

4. 喜欢摇滚乐的人

害怕孤独，不能忍受寂寞，喜动不喜静，爱好体育运动；愤世嫉俗，对生活有不满情绪，经常把持不住自己，有时候会出现不愉快的事情，但他们并不在意；非常喜欢到处张扬，能引人注目，但不会给人留下深刻的印象；能够将爱好作为强有力的指导，借用摇滚巨星的光环使自己在世俗当中趋于平静，找到心灵上的慰藉；喜欢团体，将音乐作为满足各种欲望的工具。

5. 喜欢进行曲的人

墨守成规，不求变迁，满足现状，力求完美，对自己要求甚高，不允许所做的事出现半点差错，而现实中的不完美常常使他们动摇、失望甚至遍体鳞伤。

6. 喜欢乡村音乐的人

成熟老练，轻易不会做出令自己后悔或有损利益的事情。他们细心而又敏感，喜欢关注社会问题，能够与遭受欺凌的弱小同呼吸。他们追求安静和怡然，不喜欢大城市的纷繁与喧闹，喜欢过一种完全由大自然控制的田园生活，并为此不遗余力。

7. 喜欢打击乐的人

大多率直天真、耿直爽快，对生活充满了希望，并精心设计自己的未来；为人处世以和为贵，不挑剔，同时也喜欢谈笑风生，具有很强的社交能力，能够得到大多数人的欢迎。

8. 喜欢流行音乐的人

属于平凡的随波逐流类型，在恋爱和人际交往过程当中，没有复杂的思虑，家人或爱人会为他们解决人生中诸多的问题，他们随时准备被感情俘虏；深层次的自省和强烈的感情是他们所不能忍受的，力图通过听音乐保持轻松和自在。

9. 喜欢古典音乐的人

比较理性，能够自省，能够用理智约束情感；从音乐中汲取相当多的人生感悟，结果常常形单影只，因为很少有人能与他们的思想和感情产生共鸣。

10. 爱好爵士乐的人

性格当中感性成分占的比例较大，大多喜欢宁静而富有情调的夜生活，很多事情都是凭一时头脑发热而去做的，往往脱离客观实际。不喜欢受到约束，我行我素，总是有一些荒唐的幻想；追求新奇，讨厌一成不变，五光十色的夜生活常常令他们流连忘返；生活与理想相差太远，常常会感到一种莫名的恐惧与难以化解的矛盾。他们外表虽然放荡不羁，但对别人却十分关怀体贴，知道处处为他人着想。

旅游有偏好，性格大不同

心理学家研究发现，人们喜爱的旅游方式，与他们潜在的性格有着千丝万缕的联系。如果你想要了解自己或身边人的真实性格，了解一个人的旅游方式将对你有所帮助。

1. 喜欢访亲探友的人

讲究诚实守信，注重情感友谊，这为他们赢得了非常广泛的友谊和帮助；在探访朋友或亲戚的时候，他们会获得极大的快乐与满足，因为朋友或亲戚的热情款待证实了他们的努力没有付诸东流，他们是成功的。

2. 喜欢大海和海滩的人

保守、传统，心事较重，不愿暴露内心的真实情感，独处一室享受自己的空间是他们最大的心愿。不热衷人际交往，无论是对朋友还是事业伙伴；由于有责任心而成为好父母，子女会得到他们莫大的关爱和无微不至的照顾。

3. 喜欢露营的人

性格当中保守的东西还很多，推崇传统伦理观念，严格按照崇高的道德标准行事，一举一动都会吸引大众的目光，具有很高的道德素质；他们拥护独立，不喜欢受到长辈的庇护和约束；想象力丰富，能够化平凡为神奇，有着讲究实际的人生观；对待他人不卑不亢，有明确的交往之道。

4. 喜欢自然景致的人

追求无拘无束，向往轻松自在，受约束的生活和一成不变的工作常常令他们苦不堪言，他们渴望眼前的工作马上换为宜人的风景；有活力，有激情，干什么都得心应手，有着丰富的想象力，追求生活中的新思想或新事物是他们毕生的愿望，并且能够对自己的人生负起责任。

5. 喜欢户外活动的人

喜欢户内活动，广阔的外部空间可以激发他们的创造力和新奇的想象力；他们的追求和努力都是他们预先设计好的，只想得到大汗淋漓的痛快；他们精力充沛，敢于迎接各种挑战，能够认真对待自己的言谈举止，通常能得到很好的回报。

6. 喜欢出境游的人

比较时尚，而且站在了时代潮流的最前沿；喜欢求变，对新鲜事物感兴趣，对人生充满信心；乐观向上，生活中的压力经常在谈笑风生之中化为乌有，总是过得潇潇洒洒，几乎可以随心所欲。

运动方式反映个人真实情趣

如果一个人选择了某种运动，那么他所选择的养生之道中便透露出他在身、心两方面的需求，展现了他的个性和情趣。

1. 去体育馆或健身俱乐部

只要不是一个人流汗受累，他并不反对为了锻炼身体和维持健康而受苦。他喜欢有人陪他一起锻炼，这样运动完以后，在蒸气房里，就有同伴一起互相怜惜。

2. 在家庭器材上运动

广告使他相信，这类运动不需要费多少力气，就能够达到真正运动的效果。不过，他很快就会发现，只有广告里的模特儿，才有办法边运动边露出笑容。他的运动器材，已经摆在大厅的角落里迎接灰尘。

3. 喜欢竞走或慢跑

他讨厌跟随人群，偏爱展露自己特殊的品位。如果正好有一种时尚流行，比如慢跑，他一定会另外找个新花样。他的行为经常不符合传统。

4. 喜好散步、走路

他对需要紧急完成的计划没兴趣，不喜欢马拉松赛跑或吸引他人注意；他是一个有耐心的人，有信心面对一切事物。

5. 喜欢骑自行车

他比慢跑的人更懂得经济运动学，因为他晓得如何以同样的能量走更远的路。此外，他还可以坐着运动大腿。爱好自行车的他，不像爱慢跑的人那么死板，他一般不设定路线（慢跑的人通常都顺着同一条路线跑）。

6. 喜欢做瑜伽

瑜伽与外在身体及内在器官的流畅性有关，尤其和脊椎顺畅与否更是关系密切。喜爱练习瑜伽的他，深刻体会到呼吸是控制自己生命的一种方法，也了解冥想和体力的发挥是同样重要的。

在一般情况下，倒立有助于拓展视野，使他对事情的看法更透彻圆融。

7. 边做事边运动

如果他在除草时做弯膝盖的动作，煮菜时伸手去拿香料，或在扫灰尘时做运动，那他是一个想象力丰富的人，是一个会让现实的工作变得有挑战性、值得去做的天才。他可能不太喜欢做家务，但他没有抱怨，反而把做家务的过程，转变为一种自我修养、自我改进的训练。别人想使他觉得厌烦、无聊，恐怕是一件很难的事。不过，如果他想使别人觉得厌烦、无聊，倒是易如反掌。

8. 不喜欢运动的人

如果他知道自己的身材已经完全走样了，恐怕会心脏病发作。即使到这个时候，他仍然相信医学科技，可以把他修理得像以前一样完好如新。危机的降临是突如其来的，他实在不擅长训练自己，只好强迫他人来训练他。所以，他虽然不慢跑，但却是第一个跑去看医生的人。

收藏，收藏的是一种嗜好

如今，收藏已成了许多人的嗜好。有人喜欢收集收藏品，为的是等待日后的升值；有的人收集收藏品是为了提高个人修养，陶冶情操；有的人收集收藏品为的是向别人炫耀，以显示其高雅脱俗，不同凡响；也有的人收集收藏品是为了怀念过去。

收藏品五花八门，收藏者的性格也就各具特色。从一个人所收集的收藏品可以真实、准确地了解到这个人的性格。

1. 重视收藏荣誉物品的人

通常是对自己的现状不满，总认为自己曾经的辉煌不应该那么快地湮灭，自己应该继续享受荣誉和鲜花；这种人不懂得“长江后浪推前浪”的道理，所以只能依靠回忆过去的光荣历史来抚慰自己的心灵。

2. 收集书籍、杂志和报纸的人

有学识和上进心，喜欢在家里享受看书的乐趣，一人独处，自得其乐。藏书虽多，资料丰富，但大多数都已经过时，没有了使用价值，但他们依然想凭借这些来显示自己的博学，所以在实际生活中总是比别人落后半拍。

3. 收集照片、明信片的人

喜欢回忆过去欢乐的情景，相片为他们和记忆中的人或景拉近了距离，使感情更加浓郁。向别人展示相片，也是向对方介绍自己的一种方式，而他们只需指点下就够了。把自己的人生当成一场戏，自编自演兼摄像，努力打造完美，欣赏结果，更接受一切。尽管对这本相册依依不舍，但未来的路和美好的愿望会使他们备好一本更精美的相册。

4. 收集艺术品、古董的人

因为艺术品和古董往往代表高雅、博学，更是财富的象征，表明收集者比较注重自己的社会地位和身份；由于收藏品的档次和价值是收藏者之间品位和目光的较量，所以他们的好胜心都很强。

5. 收集旅游纪念品的人

由于受收藏品的特性所决定，他们不断地追求新鲜、奇特和怪异，并具有探幽索隐的勇气；为了追求令自己满意的藏品，他们乐于冒险，敢于出入高山野岭、荒漠戈壁，结果天南地北都留下了他们的旅行足迹。

6. 收藏玩具的人

善于满足，知道分寸，家里是他们最快乐的场所，宁静安逸的生活是他们莫大的享受；他们留恋过去，对曾经拥有过的一切感到自豪，并极力保存于记忆当中，总是用一颗幼稚的心激起兴奋和幸福；他们追求的就是年轻，总是想方设法保持快乐，例如和孩子们一起玩，给他们买玩具。

7. 收集旧票据的人

有很强的组织和领导能力，细心，办事条理清楚，按部就班，但是他们的精力大部分浪费在无用的细节与没有意义的过程当中，有时候觉得是未雨绸缪，实则是杞人忧天，因为他们担心的危险出现的机会实在是太渺茫了。他们偶尔也有寻找刺激的念头，但考虑到众多的细节总是无法行动起来，所以他们的生活几乎是一成不变的。

8. 喜爱收集旧衣服和旧饰物的人

大都爱打扮，喜欢挥霍，想通过外表使自己成为众人瞩目的焦点。喜欢收集旧款式衣物的人坚信自己的收藏品会再度流行起来，这是他们不可动摇的理由。保留了旧衣物，与之如影随形的观念和思想也就无法根除干净了，而倔强的他们时刻相信它们会再度流行，到时不但省钱省力，更走到了大众的前头，会被称为高瞻远瞩。

透视生活中的几种养宠物者

养宠物是一种休闲方式，喜好不同，宠物自然相差悬殊，但是从心理学角度来看，不难发现其中一个共性，那就是通过人们喜爱的宠物通常可以看出他们的真实性格。

1. 喜欢养鸟的人

性格细腻，心胸狭隘，同时会精心地打点属于自己的空间。不喜欢烦琐的人际关系，交际能力差，性格孤僻。养鸟使他们自娱自乐，帮助他们打发多余的时间和寂寞，鸟成为生活中不可或缺的伙伴。

2. 喜欢养鱼的人

有生活情趣，是个充满自信的乐天派，对事业和生活没有过高的奢求，只想平平安安度过每一天。有人说他们胸无大志，但一生快乐却也令人羡慕。

3. 喜欢养猫的人

崇尚独立自主，讨厌随便附和，直来直去，从来不委曲求全、言不由衷。他们内向，喜欢宁静和恬淡，抑制感情流露，很少有人能进入他们的内心世界；严于律己，不喜欢随随便便，让人感觉不到热情和活力，有时难免矫揉造作，所以人缘通常很糟糕。

4. 喜欢养狗的人

随和温顺，显得很亲切，但他们好随波逐流，总是顺着他人的想法去做事。他们外向，不喜欢寂寞孤独，整天嘻嘻哈哈，与左邻右舍关系融洽；交际能力出众，爽快开朗，人情味浓，胸无城府，坦荡直接，真实想法会立即从脸上或行为举止当中显现出来。

另外，喜欢狮子狗的人性情活泼好动，像个大孩子；喜欢牧羊犬的人虚荣心较重，有喜欢炫耀自己与众不同的倾向；喜欢贵族狗的人一般家境殷实，且事业一帆风顺；喜欢收留流浪狗的人，富有同情心。

◎精准识人：走进消闲嗜好者的内心

据专家分析，不同的休闲嗜好显示不同的性格与心理：

1. 选择园艺

喜欢种花养草的人，必是一个信奉“一分耕耘，一分收获”的人，园艺能给他十分实际的收益。

2. 选择看电影

喜爱惊奇，生活多姿多彩，平凡的生活会令他厌倦。

3. 选择游泳

这种人可能需要一个躲避每天沉重生活压力的地方，而水中便是最理想的避难所。

4. 选择爬山

虽然爱好户外活动，但却并非是一个富于幻想的人，他充满活力。愿意对自己的人生负起责任，而且往往表现得很出色。

5. 选择钓鱼

个性冷静而善谋略，耐性是这种人的特长，而且希望获得报酬，愿意长时间耐心地等待。无论做任何事情，都主张以谈判方式进行，但不崇尚暴力。即使他对任何人有什么不满，也不会形之于外，只会藏在自己心底深处。

同样有钓鱼的兴趣，喜欢躲在山中或小溪边，独享垂钓之乐的人，有忧郁的心理倾向。这种人往往躲在与世隔绝的象牙塔里，寻求精神上的安定。由于他们在工作场所和家庭中，无法与人和睦相处，便逃入孤独的世界里。这种类型的人一旦热衷于个人兴趣，便有增加其自闭性的危险。

喜欢与陌生人共享垂钓之乐的人，其精神生活必定极为稳定。他们积极地靠兴趣来解除日常生活中未获满足的欲望，因此，工作、家庭和业余生活都得到健康的发展。

第七章

细节识人，观人于细微察人于无形

一个人的本性往往会通过日常生活中的细节表现出来，比如写字、签名、敲门、抽烟、饮酒、打电话、开车等，这些都在不经意间反映了一个人的心理状况和个性特质。只要对此仔细观察，就能收到窥一斑而见全豹之效，观人于细微，察人于无形。

一笔一画写出“心里话”

汉字的发明是一个奇迹，而汉字的笔迹与书写者的个性之间更有着神奇的联系。

我们可从下述不同的角度去认识。

1. 运笔走势

运笔有力，笔力浑厚，说明书写人性格刚强，气魄宏大，并有强烈支配别人的意愿，但这种人往往过于自信或容易自满；运笔协调流利，轻重得当，说明书写人善于思索，爱动脑筋，有较强的理解分析能力，善于随机应变；如果运笔轻浮，说明书写人缺乏魄力和毅力，在生活中常常不能如愿以偿。

2. 书写笔风

如果全篇文字连笔甚多，速度极快，说明书写人充满活力，待人热情，富有感情，并且动作迅速，容易感情冲动；如果全篇文字工笔慢写，笔速缓慢，说明书写人性情和蔼，富于耐心，善于思考，办事讲究准确性和条理性，不善言谈，但往往有善于临时发言的才能。

3. 字形架构

字体简洁明了，没有花样和怪体，说明书写人比较诚实，办事认真细致，心地善良，能关心他人。如果字体独特，伴有花体和怪体，并夹杂许多异体字和非规范字，则说明书写人有较丰富的想象力和幽默感，但爱吹毛求疵，自我表现欲强，这种人多半多愁善感，很在意外界对自己的看法。

4. 外观轮廓

全篇字体大小适中，端正工整，说明书写人平易近人，温柔谨慎，行动从容不迫，遇事较为持重。如字体很长，则说明书写人活泼好动，有较强的主动性和自信心。字形很大，甚至不受纸上格线的约束，书写人往往办事热情、青春洋溢，并可能在许多方面有所擅长，但这种人缺乏精益求精的态度。字形很小，则说明书写人精力集中，有良好的注意力和控制力，办事周密谨慎，看待事物往往比较透彻。

5. 大小布局

全篇文字松散而不凌乱，书写人往往是热情大方，不拘小节的人，这种人喜欢直言不讳，善于交际并能与朋友相处，别人征询他的意见时能以诚相见，并能宽恕他人的过失。全篇字迹密集拥挤，则书写人通常沉默孤僻、谨小慎微，不善交际。

6. 字体倾斜的方向

字行习惯向上倾斜，说明书写人是个欢快乐观、力求上进，并总是精神焕发、希望成功的人，这种人往往雄心勃勃，有远大的抱负，并且能以较大的热情和充沛的精力付诸实现。字形习惯向下倾斜或忽上忽下，则说明书写人喜怒无常、情绪不稳定，遇到挫折容易悲观失望。每个单字都习惯向右倾斜，说明书写人比较热情开朗，乐于助人，待人接物均能以诚相待；单字习惯向左倾斜，说明书写人分析力、判断力强，理智能支配感情，不会感情用事。

通过笔迹识别个性，除以上几种识别方法外，还须对上述各个方面进行综合筛选，剔除假象，进行科学的抽象和概括，方可求得对书写人个性特征的完整认识。另外，随着一个人的成长，笔迹会有或大或小的变化，应仔细鉴别。

识破签名中为人的蛛丝马迹

名字是一个人的身份代号。古往今来，有多少人想名垂青史，可见人们对自己名字的重视。时至今日，人们的交际圈越来越大，交际也越来越频繁，亮出自己名字的机会越来越多，于是签名成为人们一项重要的交际内容。签名有美有丑，有大气的也有小气的，千姿百态，让别人不仅获得了签名者的个人信息，还把他们的性格准确地读了出来。

1. 名字写得特别大的人

表现欲望强烈，喜欢招摇；注重表面文章，总是将非常多的精力用到衣着打扮上，虽然会给人留下良好的视觉感受，却不会让人对他们念念不忘，因为他们没有办法打动他人的内心。他们总喜欢将众多的任务揽于一身，但是他们的工作成绩暴露出他们的真实面目，那就是他们能力有限。遇到困难显得软弱无能，更有甚者无法善始善终，中途退却，所以他们没有成就大事的可能。

2. 名字写得特别小的人

他们的性格与签名特别大的人截然相反，不喜欢在大庭广众抛头露面、惹人注意，既不积极用特别的外表吸引他人的注意力，也不主动向他人打招呼和表示什么。他们对自己没有足够的信心，工作上的表现虽然不是十分积极，但自己的工作都能集中精力来完成，没有很强的功利心，甘于平淡的生活。

3. 名字向上的人

通常都有雄心壮志。他们不畏艰辛，坚定执着地朝着自己的理想前进，积极乐观，会想尽办法战胜眼前的困难。他们喜欢荣誉和鲜花，对世间的一切享受非常热衷，这也是他们不懈努力的最终目的。他们可以成就大的事业，同样也会将灾难降临到他人的头上。

4. 名字向下的人

通常是消极的等待者或妥协者，总是一副无精打采的样子，犹如大病初愈，又好像经历了什么沉重的打击。他们自信心不足，不敢设计理想，见到他人取得荣誉虽然有时也会热血沸腾，但转眼间又去随波逐流了。

5. 名字向左的人

不喜欢按照常规办事，喜欢标新立异和追求不同凡响。如果他们喜欢某个人，就会对其冷酷到底；如果讨厌某个人，则会热情周到。他们喜欢表现自我，在陌生人面前直言不讳，而他们认真诚恳又不失幽默的表现会博得大众的喜欢。

6. 名字向右的人

积极乐观，信心十足，总是一副充满朝气、和蔼亲切的样子，在人际交往过程当中经常主动向他人靠拢，别人也会笑脸相迎，和他们愉快地交谈。但这并不是他们成为社交高手的主要原因，他们真正高明之处是“醉翁之意不在酒”，在交往的时候表面热心参与，而实际上置身事外，对全局进行缜密的观察，别人的一举一动几乎都逃不过他们的眼睛，所有的发展变化都在他们的预料当中。

名片——个人性格的缩影

进入社会以后，可以表示自己身份的东西，除了身份证就是名片。有些人的名片寥寥数语就交代了事；有的人琳琅满目，似乎想在小小的一张纸片上，诉说一生所有的故事。换言之，名片其实就是一个人的性情、为人方式的缩影，也是我们如何看待一个人的小窗口。

1. 喜欢在名片上用粗大字体印上自己姓名的人

其职业多半是政治家、社会运动者、医生、自由职业者。爱好粗大字体的人，一般是为了强调自我，凸显自己，多半从事个性刚强的行业。这种人功名心强烈，性情温和且有绅士风度；但个性也很强，其中有些人很难接近；这种人的另一个特点就是善于辞令，懂得把握分寸，同时，待人态度温和。

2. 名片上没有印上任何头衔的人

通常具有特殊的创造力，讨厌被人驾驭驱使，也不喜欢对别人发号施令。

3. 喜欢使用质地、形状和色泽怪异名片的人

大多属于爱卖弄自我，独来独往，我行我素的人。会使用这种特殊名片的人，大多能言善辩，但很少真正对人产生兴趣。他们大部分好恶分明，比较任性，喜欢就是喜欢，不喜欢也会明确地表示出来。因此，这种类型的人容易遭人诽谤，协调能力差，且依赖感很强。

4. 喜欢用轻柔质感的材料制作名片的人

多为女性。她们大多性情温和，说话文雅而浪漫，具有敏锐的审美观。不喜欢与人争吵，会主动去照顾、帮助别人，但比较缺乏坚强的意志力，而且很容易招来别人的不满和批评。

5. 喜欢加上护膜，使名片具有光滑效果的人

大部分是神经质、虚荣心强的人。外表看起来，他们显得

开朗、爽快，与人交往时也很和善；但实际上这类人喜欢大言不惭、故弄玄虚，疑心病和嫉妒心都很重。

6. 名片上印有绰号或别名的人

处事小心，神经质，叛逆心强，同时具有较丰富的创造力。由于胆小怕事和神经质的关系，这种类型的人通常对自己较缺乏信心，有自卑感，遇到困难和灾祸时，往往想一逃了之，不想承担任何责任，这也是他们下意识想用别名来分散责任的原因。

7. 在名片上附记自家住址、电话的人

责任感较强，精明干练，且有独立意识。一个人如果对本职工作缺乏责任心，就不会在名片上附记自家住址，以避免自找麻烦，使家里变成办公室。

吃有吃相，个性为人吃出来

行为学家通过调查研究指出，进餐的仪态，很容易就会流露一个人的真正性格。

1. 浅尝辄止者

这种类型的人食量小，大部分个性保守、行为谨慎、墨守成规、稳重有余而冲劲不足，一般只能是守成者而不是创业者。

2. 风卷残云者

此种类型的人进食速度快，近乎狼吞虎咽，多半个性豪放、精力旺盛，具有过人的精力，行事果断、待人真诚，并具有强烈的竞争和进取精神。

3. 细嚼慢咽者

这种类型的人进食速度极慢，喜欢细细咀嚼慢慢品尝，他们办事周密、严谨，没有把握的事绝对不做，爱挑剔，有时对人近乎冷酷。

4. 饮食过量者

这类人进食不加节制，看到爱吃的食物势必大吃一番，他们多半性格直爽，有团结众人的能力，喜怒溢于言表，从不掩饰内心的情绪。

5. 独食难肥者

这类人总爱单独进食，不愿与人共同分享，他们大多性格怪僻，孤芳自赏，但坚毅沉稳，责任心强，言行一致，信守诺言，一般来说在工作上的表现往往都能令上司满意。

6. 来者不拒者

这类人对食物从不挑剔，他们个性随和、不拘小节、生命力旺盛、多才多艺，可以同时应付多种工作而游刃有余。

7. 慢条斯理者

他们会花时间反复思考某一件事，直到认为没有问题时，才做出最后决定。此外，他们也较挑食，性格上属于乌龟型的人，最怕遇到突如其来的意外状况，这往往令他们措手不及，疲于应付。

8. 进餐时非常讲究整洁者

不但注重餐具的清洁，进食当中有少许面包屑掉在餐桌上，也会立刻拾起来，而且会将用过的碟子或点心篮叠起来，以方便侍者收走。这种人经常赞赏别人所做的努力，若遇上同样爱好整洁的人，很容易与对方成为好友。

9. 喝汤及咀嚼食物时发出声音者

其饮食习惯不但令旁人产生厌恶的感觉，这样的举动还显出他们根深蒂固的孤僻倾向。他们往往对坐在旁边的人视而不见，也不会考虑旁人的感受。

10. 一面进食一面唠叨不停者

因为急于跟别人交谈，而来不及将食物吞下。这种类型的人在处事时往往比较性急且咄咄逼人。相反地，进餐时一声不响、专心用餐的人，很可能是美食家，一心一意将心思放在食物上；另一种可能是个性害羞或孤僻，习惯利用进餐时间避开和其他人的交谈应酬。

11. 进餐前胡乱添加调味品者

有些人在食物一端上桌，完全未尝过味道以前，便胡乱添加调味品，这样做不但是对厨师的一种侮辱，还显示出其天生爱冒险的性格。这种人做事比较草率，容易给自己和别人招来无谓的麻烦。

12. 匆匆进餐后立即离席者

通常以自我为中心，对于别人为准备食物所花的时间和心思视若无睹。

喝酒，瞬间识人的试金石

迷恋杯中物之人，有些并非纯然是为了麻醉自己而买醉，他们有的还有其原则，有所喝有所不喝，绝非来者不拒。这种对酒的品牌，有所讲究和坚持的现象，道出了喝酒文化外的人性问题。

1. 迷信特定商标、品牌者

大都隐藏着不满的欲望或内心的创伤。有的人更不顾自己的身份和社会地位，消费一些对其来说属于奢侈品的东西。尤其是在公众场合抽洋烟、喝洋酒的人，他们的内心深处往往隐藏着强烈的表现欲，希望或幻想自己身处比目前的社会地位更高的层次，让自己看起来比实际情况好，这种类型的人大多具有歇斯底里的性格。

2. 嗜好杯中物以尊敬的人或上司所喜爱的品牌马首是瞻者

是一种“示好”的现象，源于希望自己与上司合而为一的心理。这种现象除了单纯的憧憬之外，可能还存有对对方不满的心理，所以希望借由同化现象来消除这种不满。

3. 喝醉酒后变得爱哭爱笑，脾气暴躁者

大都具有谨慎且神经质的性格。这些人在酒醒时大多温文儒雅，酒醉时则判若两人。他们在日常生活、工作中，大多是对长辈和上司的命令言听计从，做事一丝不苟，属于认真踏实的人。正因为如此，压抑于内心的不满亦较一般人更为强烈。

4. 无论何种场合都不会喝醉者

大都具有自我防御性格，并极力避免与人深交。这种类型的人善于隐藏自己的真情，即使喝了酒，也不愿“吐真言”。在人际关系的交往中，他们只满足于泛泛之交，没有真正的知心朋友。稍有醉意，便滔滔不绝地大放厥词，习惯以自我为中心，自吹自擂，不仅对自己的欲求不满，并有强烈的表现欲。

5. 完全不理会他人猛灌酒者

大多属于外向型性格或极端神经质的特质，不过这种人有自知之明且懂得量力而为。相反地，会一点一滴慢慢品酒的人，大多属于内向性格。

吸烟，透过烟雾识真相

吸烟时，有人姿态优雅，有人急慌慌的，有人并不急于满足烟瘾，只为了加入吸烟一族的行列。吸烟的动机各人不同，姿态也因人而异，因此可以从中窥见瘾君子的“烟品”及性格。

1. 把大拇指放在嘴边吸烟的人

富有独立性，也较为自负，讨厌别人对他发号施令，无论什么问题，若自己不发表一点意见，就会觉得不对劲。这种人最受不了无所事事地坐在角落，最喜欢在人群中忙碌地穿梭。

2. 敞开手指拿烟的人

这是敏感而细心的人，这种人情绪相当不稳定，非常任性，因为爱逞强，所以不太容易亲近别人。他们平时吸烟不是这种姿势，只有在心情不佳或精神紧张时才会这么做。

3. 用指尖夹烟的人

这种人心地善良，不喜欢冒险，做起事来总要选一条安全而可靠的道路走。不过，他们却很会体贴别人，尽管是区区小事，也会全神贯注地去处理。

4. 用指腹夹烟的人

这种类型的人为人踏实，是毫不含糊且可以信任的人。表面看来和善老实，较为保守，但有时会出乎意料地大干一场。这种人对于自己的生活方式很满意，富有自信，能靠自己的力量切实地完成分内的工作。

5. 抽烟时手掌向外的人

是属于那种跟谁都能谈得来的人，只要独处一会儿，就会忍受不了，十分喜欢和各式各样的人接触。

6. 略扬起头以嘴角抽烟的人

对自己的工作具有信心，可能成为某项专业的专家。不过，处事过于勉强又自视过高，通常与同事格格不入，即使发生纠纷或失败，也具有突破难关的冲劲，将来有发展。

7. 抽烟时伸直拇指顶住下巴的人

有强烈的阳刚之气，不服输。对于工作上的竞争有热情，对困难的工作具有挑战心。前途有望，属于高级管理人员。

8. 喜欢抿着下唇抽烟的人

这种人性格稳定具有适应性，不会引人注目。处事虽非轰轰烈烈却很少失败，能按部就班地努力前进而获得成功。

此类人刚进公司一两年内，很少有发挥自我才能的机会，三四年后才渐渐受到上司的信赖。不过，这种人欠缺工作的主动性。

9. 毫不在意烟灰过长的人

开会中或工作中不少人会忘了弹掉烟灰，这时通常是正在思考。如果平常都是这样的抽法，多半是对自己失去信心，也有可能身体状况不佳或感到自卑。

10. 啃咬烟嘴的人

这种人被称为自虐型的人，当单位发生问题后，很容易把一切责任归罪在自己身上。虽然有一定办事能力却操之过急，阻碍了个人的发展。

11. 只是随意抽一口的人

这种人大多情绪起伏不定、易热易冷。往往会因异性问题发生纠纷，造成生活的困扰。

12. 嘴上叼着烟工作的人

这是对自己的工作非常自信的象征，这种动作常见于记者或律师。如果自己的能力没有受到旁人的认可，他们会反抗强烈或意志消沉。工作的失败与成功呈两极化。

13. 抽烟抽到接近吸口的人

这种人好处心积虑、猜疑心强，属于极少暴露真心的孤独型。处理金钱虽不至吝啬却会遭受误解。由于从思考到实践有一段颇长的距离因而常错失良机。

14. 急速吸烟的人

这种人比较性急、易怒，对人的好恶明显。尝试各式各样的工作，比只做同一件工作更能获得成功，对两个以上的工作感兴趣。

15. 吸烟时两眼会不停眨动的人

显示其人是一个机警、难以亲近的人。

驾车，驾驭的是自己

一个人控制汽车的方式，和控制自己的方式，有许多相似之处。如果把车子视为一个人肢体的延伸，那么开车的方法，就是肢体语言的机械化身。一个人在方向盘后的举动，真实地反映出他每天的心情与态度。

1. 按规定速度开车

对他们而言，开车不过是带他们要去的地方，而不是一种真正快乐或刺激的经验。他们守法，尽自己应尽的义务，绝不少报所得税，通常以平稳、容易控制的速度开车。他们做任何事情都是中庸的态度，即使有很大的把握，也不会骤然冒险。他们为人可靠，不马虎，可能很适合在政府机关上班。

2. 行车速度比规定速度慢

坐在方向盘后面令他们觉得害怕，觉得无法操纵一切。他们总是避免把东西放在自己手里，只要有人授权给他们，他们立刻把权限缩至最小。他们自己不努力，却嫉妒他人不断超越自己。而他们胆小怕事的个性也令他们的家人、朋友失望。

3. 超速行驶

他们不会受制于任何人。他们很积极，而且憎恨权势。他们不允许他人为自己设限，如果有人企图这么做，他们会找出极端而且可能很危险的方法，来维护自己的独立自主。他们的父母和老师很有可能都十分严格，而这是他们发泄心中怒气的唯一方法。

4. 大声按喇叭

在现实生活中，他们喜欢尖叫、大喊、发脾气；在马路上，他们则使劲按喇叭。他们对挫折的应变能力极差，经常觉得受别人的威胁。他们通常以一连串的高声谩骂来表达心中的焦虑和不安，发怒的程度完全和刺激他们生气的原因不合。他们做事无效率、无能力，即使哪儿也没去，却总是显得匆匆忙忙。

5. 不换挡

他们希望所有事情都安排得好好的。他们比较喜欢寻找自己的生活方式，即使有时候这么做遭遇的困难比较多，他们也很少向他人请教。没有人告诉他们该往何处去，可能常常是他们告诉别人该怎么做。他们是一位实践家，凭直觉行事而且喜欢把事情揽在自己身上。绿灯一亮，抢先往前冲

凡事比别人抢先一步是他们生存的方式，他们喜欢胜利的感觉，因为他们不想被烙上失败者的标记。他们已经学会积极，学会竞争，他们总是第一个站在出发线上的人。他们不是向前看，而是向后看别人离他们还有多远。

6. 绿灯亮后，最后发动车

因为这样很安全，有保障，用不着和他人争吵，所以他们选择这样做。没有人会伤害他们，他们让别人挤破头去拿第一。他们早已学到，只要不锋芒毕露，就不会遭人拒绝或被人伤害。他们把这个观念也用在其他地方，让他人先走，他们就不必和其他人竞争了。

7. 不学开车的人

不学开车使他们置身于依赖和无助的情境中。这增加了他们的自卑感，因为他们受制于他人。在他们生活的各个领域中，他们也是习惯退居积极者的背后。他人对他们的评价驾驭着他们的一举一动。

8. 永远没有驾照的人

他们擅长告诉别人他们要怎么做，但做出来的成果，却往往与他们所说的相去甚远。

不过，只要有足够的刺激，他们最后还是会把事情做完。他们把自己想象成赢家，但心中却暗自害怕会输。他们天花乱坠的言辞可能说得斩钉截铁，但他们的行为却消极得很。他们的拖延战术，不但已经变成了一种再自然不过的行为，而且已经形成了一种模式。

9. 习惯坐后座

他人的成就令他们有被威胁之感，因为他们害怕自己想贡献心力时，不为他人信任与接受。他们喜欢别人依赖他们，希望在他们做决定之前，先来问问他们的意见。

这种类型的人需要一再证明自己的重要性。别人总是绕道而行，先让他们下车。

打手机打出的心理和性情

利用手机进行人际关系的交流，已经是现代人不可或缺的沟通方式。

由于使用手机交流与面对面的沟通不同，所以我们可以从一些打手机的小习惯中归纳出人的心理。

1. 悠闲舒适型

打手机时舒服地坐着或躺着，一派悠闲自得。这类人多生性沉稳镇定，泰山崩于前而色不改。

2. 以笔代指型

习惯用指示笔代替手指去拨号码的人，通常性格急躁，经常处于紧张状态，不让自己有片刻的休息。

3. 边走边谈型

打手机时从不坐定在同一地方，喜欢绕着室内踱步的人，通常好奇心强，喜欢新鲜事物，讨厌任何刻板的工作。

4. 一心二用型

打手机的同时并进行一些琐碎的工作，如看书、整理文具等。这类人多富进取心，爱惜光阴，分秒必争。

5. 信手涂鸦型

打手机时，边在纸张上信笔乱画的人，往往具有艺术才能和气质，想象力丰富但不切实际。天生乐观的个性，使他们经常可以轻易渡过一切困难。

6. 紧抓手机型

打手机时紧紧握住机身的人，生性外圆内方，表面看似怯懦温驯，实则个性坚毅，一旦下定决心，绝不轻易改变。

7. 平淡无奇型

打手机时无特殊习惯，一切动作均出于自然，这类人多生性友善，富有自信心，对自己的生活操控自如，能屈能伸。

从接受表扬的态度察品性为人

表扬是对成绩的肯定，表示大众接受他们的行为或某种观点，是人人都期求的一种外界反应，受到表扬的人往往会得到心灵上的愉悦和满足。有的人把表扬看得特别重，甚至胜过生命和财富；也有的人把表扬看得微不足道。因此，我们可以从一个人看待表扬的态度来观察他的内心世界。

危险处境考验的是一个人的勇气，功名利禄能够检验出一个人的德行，一个人的耐性可以从琐事缠身的时候看出来……而一个人在接受表扬的时候所产生的反应，将暴露出什么信息呢?

1. 一听到表扬就面红耳赤

受到表扬的时候面红耳赤，显得很腼腆。他们温顺敏感、感情脆弱，他们不仅对表扬很敏感，对批评也很敏感，更经受不起意外的打击；富有同情心，关注他人的感受，不会用言语或行动主动攻击他人。

2. 一听到表扬就以为自己听错了

听到赞扬的话，他们会用一副非常惊喜的样子来表达自己的喜悦。他们憨厚淳朴，不喜欢与别人产生矛盾，经常以忍让来换取安宁；喜欢参加群体活动，交往过程中的大度和慷慨让他们与别人建立起良好的人际关系，他们与他人能够相处得非常融洽。

3. 对表扬无动于衷

他们对表扬充耳不闻。他们在工作当中兢兢业业，不喜欢因为受到别人的注意而浪费时间和精力。他们顺其自然，不喜欢争强好胜；奉献是对他们的高度评价，他们宁愿独处一室进行研究和创造，也不愿加入烦乱的集体生活当中。

4. 听到表扬时也去表扬别人

听到别人的表扬，他们立刻会用相应的表扬话语回敬，让对方有被回报的感受；有自己的个性，不喜欢依附他人，对自己和生活充满了自信。

在人际交往过程中，这种人最讲究平等互利，不愿欠他人的情，和他们交往可以毫无后顾之忧，既不必担心吃亏，也不会产生占他们便宜的念头。

5. 听到表扬时极力否定

经常用诙谐的话语回敬别人的表扬，有时否定对自己的表扬。他们极其强调私人空间，不愿受到他人的干扰，将众多的精力和时间用于维护自己的独立空间；幽默含蓄，但又略显放荡不羁，其实这是他们故意封闭自己的一种手段，他们通常不会和别人建立起深厚的情谊。

6. 乐于接受各种表扬

乐于接受表扬，并且会在接受别人表扬的时候用适当的好话称颂对方。他们心地单纯，胸怀坦荡，好助人为乐，经常设身处地为他人着想，能够对别人的优点给予肯定，别人非常愿意和他们相处；慷慨大方，能够给予朋友及时有效的援助，和朋友共渡难关。

7. 从来不把表扬放在心上

别人的表扬从不被他们放在心上，他们根本没有心情为表扬浪费过多的时间，所以总是找其他的话语来改变话题。他们反应灵活、机智聪明而且才华横溢，富有眼光，既现实又干练。自信和狂放不羁是他们最明显的性格特征，他们对名利不过度追求，容易成就伟大的事业。

8. 听到表扬时非常平和

对别人的褒扬，既不会沾沾自喜，也不会漠视不理，总是恰到好处地表达出由衷的感谢。

这种人稳重踏实，讲究实效，富有进取心，善于韬光养晦，经常出其不意地给人以惊喜；有着独立的行事原则，能够按照预定的目标坚持不懈地努力，不受外界环境影响，更不会招摇过市、不可一世。

◎精准识人：识人于秋毫之末

中国有句形容人英明的话，叫作“明察秋毫之末”。秋毫之末，比针尖还细，但人心往往存在于秋毫之末。因此，我们需要从细微处入手，通过细枝末节来观察人心的隐微变化，这样才能准确读懂人心，看清对方的所思所想。

下面是三种从细微之处识破人心的策略：

1. 从小变化看破人心

从小小的变化，可以体察到被认知者的实际心理活动，是看破人心者必须学会的能力。

在美国有个有远见的妇女做了件聪明的事情。一天这位妇女突然取出了自己多年的某银行的所有存款，几天之后，这家银行倒闭了。很多人都十分纳闷她到底是怎样猜到的。后来这位妇女说：在不久前的一次聚会上，她见到这家银行的总经理。她发现这位老板服饰讲究，连指甲都经过高级美容店精心修整。她当即感到，自己的存款有化为乌有的危险，因为一个事业心很强的男子是不会花费这么多精力和钱财来修饰自己的。这个妇女从小处识人的本领确实不同一般。

尽管是小小的变化，里面一定隐藏着使之发生变化的力量，在看人上其作用力就是人的内心世界，而使内心世界发生变化的原因，又是生活的现实问题。那个妇女就学会了这一看人本领，所以她避免了损失。

2. 从小迹象看破人心

有时，事情虽然还没真正发生，迹象其实已经显露。如果不能从初期的迹象去掌握即将发生的事实，这是非常危险的。有智慧的知人识人者能从小迹象识人，只要见到一点迹象，就能判断出事情未来的发展，并对人形成整体感觉。

春秋时，秦武王派甘茂攻打韩国的宜阳，甘茂担心会遭人毁谤，于是对武王说：

“鲁国有个叫曾参的杀了人，人家告诉曾参的母亲说：‘曾参杀人。’他的母亲说：‘我儿子才不会杀人。’继续自在地织布。不久，另一个人又告诉她说：‘曾参杀人。’他的母亲依旧自在地织布。不久，又有第三个人向她说：‘曾参杀人。’他的母亲立刻丢下梭，离开织机逃走了。”

“以曾参的贤明和他母亲的信任，有三个人接连的疑惑，他的母亲都怀疑害怕了。我去攻韩国，小人进谗言则无处容身，请主公明察。”

甘茂能够从小的迹象中觉察到事物发展的必然，可谓“深谋远虑”“老谋深算”，充分显示出了他的聪明才智。

作为知人识人者尤其应该学习甘茂的聪明才智，从下属的小迹象而推测其未来的态势，窥一小孔而知全豹。

3. 从小习惯识破人心

一个人的性格特点及一个人的本性往往会通过自身的一些细小习惯，通过言谈举止、表情等流露出来。

如：那些快言快语、举止大方、眼神锋利、情绪易冲动的人，往往是性格急躁的人；那些直率热情，活泼好动、反应迅速，喜欢交往的人，往往是性格开朗的人；那些表情细腻，眼神稳定，说话慢条斯理，举止注意分寸的人，往往是性格稳重的人；那些口出狂言，自吹自擂，好为人师的人，往往是骄傲自负的人；那些懂礼貌、讲信义，实事求是、心平气和、尊重别人的人，往往是谦虚谨慎的人。对于这些不同性格的对象，一定要具体分析，区别对待。

对于一些小习惯，我们不应为其表象所迷惑，而应洞悉其行为的内在本质。

（1）轻易地许诺他人的要求，看起来似乎很爽快，其实不一定会实现诺言，有可能成为一个不守信用的人。

（2）对什么事都认为很简单的人，看起来似乎很能干，其实真正做起来，却困难重重，没法办到。

（3）处理事情习惯大声呵斥的人，看起来似乎明察秋毫，其实会使事情越弄越糟。

（4）用人喜欢暗中给人施舍小恩小惠，看起来似乎是给予恩惠，其实会增加下属的负担。

（5）表面上对你唯唯诺诺的人，看起来似乎忠诚可靠，其实很可能给你背后一剑，使你受伤，这种人最可怕。

第八章

人格识人，识人识到骨子里

人格是由独特的才智、本能、欲望、感情以及个性构成的，这就使得每个人形成了一个与众不同的自己。这是使生活多姿多彩，也使生活时悲时喜或者悲喜交加的主要原因。人格背后隐藏着不为外人所知的个人生活，识人要识形，识言，识行，更要识人格。识透人格，识人识心识到骨子里。

总喜欢引人注意——识别表演型人格

表演是演员所要做的工作。顾名思义，表演型人格的人有很强的表演能力，并具有感染力。这类人讲一件事情会眉飞色舞、兴奋不已、吹嘘夸张，极具感染力。他们会去模仿电视电影里喜欢的人物的行为，并且还会加以夸张表演，在人多的地方就会特别做作，喜欢哗众取宠，感情轻浮。接受不了别人对自己的批评，表演的目的就是为了自己内心的完美追求，所以他们对他人的评价极为敏感。

表演型人格的人一贯情感肤浅易变，戏剧化强，追求剧场效应，情感表达过分夸张，暗示性强，以自我为中心，自我陶醉，富有幻想，不为他人考虑，感情容易受伤害，持续地渴望被赞扬和被注意。

那么，在生活中如何识别一个人是否有表演型人格呢？下面总结出表演型人格者的一些具体特征，帮助你去辨识：

（1）富于表演性、戏剧性、夸张性地表达情感。情感夸张像演戏一样，装腔作势，情感体验肤浅。喜欢受人瞩目，被人关注；注重打扮，追求格调和时尚。

（2）肤浅和易变的情感。过分情绪化、自以为是和追求他人关注；常常喜怒哀乐，说变就变；凭个人感情对事件做出判断。

（3）说话夸大其辞，掺杂幻想情节，缺乏具体的真实细节，难以核对。想象力丰富，迷恋浪漫和传奇。

（4）以自我为中心。强求别人符合他的需要或意志，不如意就给别人难堪或强烈不满，非常热情、外向；变化无常，缺乏深入持久的人际关系，可能会产生轻浮的印象。

（5）暗示性强，易受他人影响。对异性有强大的吸引力；很容易相信别人，过分情绪化。

（6）需要别人经常注意，为了引起注意，不惜哗众取宠，危言耸听，或者在外貌和行为方面表现得过分吸引他人。

终身没有长大成人——识别依赖型人格

依赖型人格是一种过分顺从别人的意志、缺乏独立性的人格。这类人格的人会觉得自己无助、虚弱、空虚、低人一等。他们把自己托付给另一个人，从而得到生存的力量和自尊。但是他们一直生活在恐慌之中，因为那个人对于他们太重要了，他们害怕失去。独自一人对他们来说简直是无法忍受的。他们在绝大多数场合中需要处处被关照，因此导致他们产生服从、依附的行为和对分离的恐惧。

依赖他人有时会让我们取得一些意想不到的收获，但是更多的是弊端。对别人过多的需要，过分的依赖，对自己没有自信，不能自己去决定选择自己该干什么，过分地要求他人去承担自己的生活，或者将自己想要的东西强加在他人身上去实现，不然就无法适应现在的环境，会强求别人对自己服从，经常怀疑别人不关心自己，害怕被社会遗忘，总是要求身边的人不可以离开，当别人不理自己时会感觉极度害怕，会有自我毁灭的感觉。这些都构成了一种人格障碍类型——“依赖型人格障碍”。

生活中，如何识别一个人是否有依赖型人格呢？下面总结出依赖型人格者的一些具体特征，帮助你去辨识：

（1）在没有从他人处得到大量的建议和保证之前，对日常事务不能做出决策。要求他人为自己生活的重要决定承担责任。

（2）自感无能。把自己看作是毫无能力的、笨拙的、必须依附别人的人，缺乏自尊自重，常被动地依赖别人在本人生活重要问题上做出决定或承担责任。

（3）极端顺从。害怕失去支持和认可，难以对他人表示不同意。完全屈从别人的意志，容忍别人对自己的摆布，不愿意对所依赖的人提出即使是合理的要求。

（4）无独立性。很难单独展开计划或做事，难以独自启动一个项目或计划。过度容忍，为讨好他人甘愿做低下的或自己不愿做的事。

（5）恐惧不安感。沉湎于被遗忘的恐惧之中，不断要求别人对此提出保证，独处时感到很难受。明知他人错了，也随声附和，因为害怕被别人遗弃。

（6）缺乏活力。生活缺乏主动精神，总是极度被动地服从别人的愿望，将自己的需求依附于别人，既没有进取心，甚至也不会主动玩耍享乐。同时也经常把责任推给别人以应对逆境。

完美主义过了头——识别强迫型人格

强迫型人格，是一种过于谨小慎微，拘泥细节，过于严格要求，刻意追求完美的人格。其特征是感到个人不安全和心存疑虑，从而导致过分认真、固执、谨小慎微和僵化。

具有这种人格的人，大多数时候刻意追求整洁、完美、禁欲，于是丧失了灵活性、开放性和效率，不能达到他们个人或事业的目标。他们干什么事都是安全第一，过于仔细认真，反复检查核对，选择时犹豫不决，唯恐疏忽和差错；“不怕一万，就怕万一”被视为座右铭。也许在其他人看来，这些人很惹人生气，很难对付。

生活中，如何识别一个人是否有强迫型人格呢？下面总结出强迫型人格者的一些具体特征，帮助你去辨识：

（1）对任何事物都要求过严、过高，循规蹈矩，按部就班，不容改变，否则感到焦虑不安，并影响其工作效率。

（2）拘泥细节，甚至对生活小节也要程序化，若不按照要求做就会感到不安，甚至重做。

（3）常有不安全感，往往穷思竭虑或反复考虑；对计划实施反复检查、核对，唯恐有疏忽或差错。

（4）主观、固执、比较专制，要求别人也要按照他的方式办事，否则即感到不愉快，往往对他人做事不放心。

（5）遇到需要解决的问题时常犹豫不决，推迟或避免做出决定。

（6）过分沉溺于职责义务与道德规范，责任感过强，过分投入工作，业余爱好较少，缺少社交往来。工作后常缺乏愉快和满足的内心体验，相反常有悔恨和内疚。

世上只有自己好——识别自恋型人格

自恋型人格的人过分看重自己，对权力与理想式的爱情有非分的幻想。他们渴望引人注目，对批评极为敏感。在人际交往中，这种人很难表现出同情心。

他们对人、对己的基本看法通常是：“我是卓越的，才华出众的，别人比不上我，所以都嫉妒我。”他们认为别人对他们的关注、赞美、关心、帮助都是理所应当的，成功、权力、荣誉也理所应当是属于他们的，因此，他们对待批评、挫折的反应是愤怒、敌意，甚至会采取报复行动；他们缺乏同情心，对人冷漠，因而也会利用或玩弄他人的感情；他们没有责任感，更没有愧疚感，做错事总会寻找借口和“替罪羊”，因为如果承认错误会威胁到他们的自我评价。

自恋型人格的人热衷于与他人比较和竞争，因为他们希望能在竞争中打败他人，证明自己的优越。然而，当他们无法胜过他人时，会充满嫉妒与敌意，对竞争对手进行恶意的攻击或陷害。

生活中，如何识别一个人是否有自恋型人格呢？下面总结出自恋型人格者的一些具体特征，帮助你去辨识：

（1）缺乏同情心。

（2）有很强的嫉妒心。

（3）渴望持久的关注与赞美。

（4）认为自己应享有他人没有的特权。

（5）喜欢指使他人，要他人为自己服务。

（6）过分自高自大，对自己的才能夸大其辞，希望得到特别关注。

（7）对成功、权力、荣誉、理想爱情有非分的幻想。

（8）坚信他关注的问题是世上独有的，是其他人所无法了解的。

（9）对批评的反应是愤怒、羞愧或感到耻辱（尽管不一定当即表露出来）。

老怀疑别人居心不良——识别偏执型人格

偏执型人格是一种具有病理性固执信念、易走极端的人格。偏执型人格的人对人们的动机有广泛的不信任和怀疑。

他们焦虑、多疑、不妥协、好争辩；不理会其他可能性将带来的后果，对自己的正确性深信不疑。这种人总是处于一种戒备状态，认为这个世界充满敌意，常以最坏的猜测揣度别人。他们总是认为别人会找他们麻烦，倒霉事会接二连三，或者总有一天自己会栽在某人手里面。

偏执的人总是将周围环境中与己无关的现象或事件都看成与自己关系重大，是冲着他来的，甚至还将报刊、广播、电视中的内容跟自己对号入座。

尽管这种多疑与客观事实不符，与生活实际严重脱离，虽经他人反复解释也无法改变他们的想法，他们甚至对被怀疑对象有过强烈的冲动和过激的攻击行为。持这种人格的人在家不能与家人和睦相处，在外不能与朋友、同事相处融洽，别人只好对他敬而远之。

生活中，如何识别一个人是否有偏执型人格呢？下面总结出偏执型人格者的一些具体特征，帮助你去辨识：

（1）没有足够的根据便猜测别人在利用、伤害或者欺骗自己。

（2）满脑子都是对朋友或合伙人的毫无道理的怀疑，不放心他们的忠诚和可信度。

（3）不愿意向别人敞开心扉，因为莫名地害怕别人会恶意地利用这些信息做对自己不利的事。

（4）在善意的评价或良好的事态中读出暗藏的诋毁或威胁的意味。

（5）一旦心存怨恨便久久不消。换句话说，不能原谅别人的侵犯、伤害或轻视。

（6）能察觉出别人对其人格或名誉的毫不起眼的一丁点儿攻击，并立即怒气冲冲地为自己辩护或以牙还牙。

（7）就生活伴侣或性伴侣之间的信任度来讲，偏执型人格障碍的人会在没有半点证据的情况下周期性地疑神疑鬼。

郁郁寡欢的局外人——识别回避型人格

回避型人格障碍也称之为焦虑型人格，以一贯感到害羞、紧张、提心吊胆、不安全及自卑为特征，对拒绝和批评过分敏感，因习惯性地夸大日常处境中的潜在危险而有回避某些活动的倾向。

他们总是郁郁寡欢，扮演隔窗观望的局外人的角色。他们渴望融入一个团体，但同时又回避着别人——一想到不被认可、不受喜爱或者毫不出众，他们就觉得无法忍受。于是他们退出以求生存。他们排斥社交、怀疑自己的能力、对负评价超级敏感。

害羞是正常的。我们大部分人在新的环境下都有一点点，尤其是当这些活动涉及与陌生人打交道并且要扮演新的角色时。除非自己的回避早年就已经开始，越过了正常的害羞界限，并且在妨碍你成长、获取生活经验、与人亲近。你时刻担心批评、出丑、被人拒绝；你感觉害羞令人痛苦，不敢表露自己；你对说错话做错事怕得要死，人们也都知道你有多么害怕；你总在批评自己的一举一动，总在挑自己的毛病，对哪怕最轻微的拒绝暗示也极其敏感。

生活中，如何识别一个人是否有回避型人格呢？下面总结出回避型人格者的一些具体特征，帮助你去辨识：

（1）很容易因他人的批评或不赞同而受到伤害。被批评指责后，常常感到自尊心受到了伤害而陷于痛苦之中，很难从中解脱出来。

（2）情绪特征。懦弱胆小，容易受惊发怒；有持续和广泛的紧张、忧虑的感觉；敏感羞涩，有自卑感，不断追求受人欢迎和被人接受。

（3）害怕参加社交活动，回避某些活动，个人交往十分有限，缺乏与他人建立关系的勇气。担心自己的言行不当而被人讥笑讽刺，因而，即使参加集体活动，也多是躲在一旁沉默寡言。

（4）在处理某个一般性问题时，表现得瞻前顾后，左思右想，常常下定决心时已经错过了解决问题的时机。

（5）很不情愿尝试新事物，也不敢有所作为，因为这些事情让人难堪。在日常生活中，多安分守己，从不做那些冒险的事情，除了每日按部就班地工作、生活、学习外，很少参加社交活动，总觉得自己的精力不足。

反其道而行之——识别叛逆型人格

叛逆型人格是一种个性偏离社会化，内心体验与外在行为违背社会常情和社会规范的人格。这种人不在乎别人的感受或者社会规则，他们的主要行为特征是冷漠无情、行为冲动和缺乏罪责感。

叛逆型人格的人有着火一样的性格，他们向生存环境采取的是赤裸裸的反抗。他们不懂迂回，不会婉转，而是直接地与所处环境展开针锋相对的斗争，所以这种人格的人要提防成为悲剧人物，因为与环境做斗争，结局只有两种：战胜环境成为英雄或是被环境所吞噬，成为悲剧的主角。

古今中外的诗人都是有性格的，没有性格成不了诗人，也写不出精彩的诗篇。但是从来没有一个诗人像普希金那样兼具浪漫与反叛的个性，正是这样的个性使得他的诗篇流芳百世，同时也造成了他悲剧性的人生。普希金生活在沙皇统治下的帝国，但他从未想过要取悦沙皇。他曾经这样写道："我只愿歌颂自由，只希望向自己献出诗篇，我诞生在世界上，并不是为了用我羞怯的竖琴讨沙皇的喜欢。"由此我们可以看出他叛逆性格的冰山一角。普希金还非常执着，他为了捍卫自己的荣誉而与自己的情敌决斗。这是力量悬殊的决斗，是文人与武士的决斗。但他丝毫的退却之心都没有，从容地走向了死亡。他的叛逆性格使得沙皇政府对他不容，也导致了他的生活不安定。他是崇高的、优美的，但也是悲剧的。

德国著名哲学家尼采更是叛逆人格的代表人物。在西方基督教对人们的影响日益坚固之时，他提出"上帝死了"这一说法，要推翻一切旧有的道德。他认为人性是恶的，恶才值得去赞扬，恶是推动人类历史前进的武器。尼采叛逆的人格使得他的哲学思想在现代西方哲学史上自立门派，但也导致了他悲剧性的一生。他没有美好的家庭，身患精神分裂症，而且最终陷入了完全的疯狂。

生活中，如何识别一个人是否有叛逆型人格呢？下面总结出叛逆型人格者的一些具体特征，帮助你去辨识：

（1）不遵守社会准则。

（2）行事不拘一格，我行我素，主观武断。

（3）不断地撒谎、使用假名或者哄骗别人，其目的是获取个人利益或者寻开心。

（4）冲动，不能事先计划。

（5）易怒，好斗。表现为三番五次地攻击别人。

（6）从不负责。表现为不止一次的怠工行为或者不履行财政责任。

（7）不悔改。表现为在伤害别人或做出错误举动后无动于衷。

（8）他们勇敢、大胆、意志坚强，会跟任何想占他们便宜的人抗争到底。

难以定性的另类人——识别边缘型人格

边缘型人格是一种在人际关系、情绪表现与自我形象等诸多方面都显得不稳定的人格。

有这种人格的人最普遍的表现是人际关系不稳定、自我形象不确定、感情不固定。

沮丧、愤怒、自我仇恨、自大、焦虑、迟疑、空虚、黏质性依赖、对抗性顽固——这些都是边缘型人格者所表现的情绪和性格特征。

他们常常感到绝望、紧张、不安，不能运用自己的才能和天赋，但是他们没有这些又活不了。

生活中，如何识别一个人是否有边缘型人格呢？下面总结出边缘型人格者的一些具体特征，帮助你去辨识：

（1）为了避免现实的或想象出来的“遗弃”而做出疯狂的努力。

（2）人际关系不稳定而且紧张，其标志是辗转于“过分美化”和“过分贬低”两个极端之间。

（3）身份紊乱，明显且持久的不稳定的自我形象或自我意识。

（4）至少在两个方面有能导致自残的冲动行为（如花钱、吸毒、飙车、暴饮暴食）。

（5）由明显的心情变化而反映出感情的不稳定（如强烈的间歇性烦躁不安、易怒或者连续几小时的焦虑，一般几天犯一次）。

（6）长时间感觉空虚或者无聊。

（7）不合时宜地大怒或者无法控制让自己不生气（如经常摆脸色）。

（8）短暂的压力下产生的思维偏执或者精神分裂症状。

◎精准识人：揭开人格面具后的真相

“人格面具”是瑞士心理学家和精神分析师荣格提出的精神分析概念，意指人在社会交往过程中形成的心理表象特征和行为规范，它是社会化和社会适应的产物，是个体内在世界和外在世界的分界点。

一个人格面具就是人格的一个侧面，或者人格在时间线上的一个截面，通俗地讲，就是一个人在某个时段的心理和行为表现。他本身就是一个完整的人，只是没有过去和将来。此时，他用了这个人格面具，过去和将来，他可能会用别的人格面具。所以，人格面具具有与人格相同的结构和内容。它是知、情、意的统一，有自己的人格倾向和人格特征，如需要、动机、兴趣、爱好、能力、性格等。再具体一点，每个人格面具都有自己的名字、性别、年龄、性格、爱好、行为方式、打扮习惯、外貌特征。

人格面具是靠我们的肢体语言、衣着、装饰等来体现的，以此告诉外部世界我是谁，用人格面具去表现理想化的我。人们之所以要佩戴“人格面具”，是为了给他人留下好的印象，得到社会认同，保证自己能够与他人和睦相处。例如，一个朋友让你评价他的新发型，你真实的想法很可能是“太糟糕了”，但是你往往不会这么表达，而是告诉对方“这个新发型很适合你的脸型”。

人格面具具有多重性——在家中，我们是父亲（母亲）、丈夫（妻子）的角色；在职场上，我们是领导或下属的角色。当所佩戴的面具不同时，我们的行为方式也会出现一定的差异。例如一个出言不逊、看似冷漠、凶悍的部门领导在面对女儿时，却是一副性情温顺的姿态。

人格面具既有有利的一面，也会有消极影响。它使我们的行为更符合社会规范，有助于带来和谐的人际关系。如果一个人过分地热衷和沉湎于自己所扮演的角色，甚至受到人格面具的支配，那么就会违背自己的天性，做不成真实的自己，只能借助人格面具来掩藏和伪装自己。

人格面具只是代表了向公众展示的部分人格，人格中最为重要的东西隐藏在面具后面。人格面具是社会情境下的自我，而非自己的真实面目，是适应社会的手段。也就是说，人格面具是心灵的外貌。公布于众的自我，在某种意义上具有欺骗性，一个人在与别人交往时可以将真我掩饰起来而扮演某种人物的面孔，以便于群体和社会对他表示接纳。因此，我们在与人交往过程中，必须结合表情、动作、语言、穿着、习惯等各种因素去鉴别对方的言行举止，看清人格面具背后的真实的对方，从而调整自己的交际策略，引导交往向着良性的方向发展，创建和谐、互动、双赢的人际关系和生活局面。

第九章

色眼识人，一眼识破对方“本色”

世界因为颜色而多姿多彩、五光十色，人类因为色彩而美丽动人、魅力无限。每个人都有自己喜欢的色彩。色彩是人性的多棱镜，是生活的万花筒。通过对色彩密码的解读，学会以“有色眼镜”观人，有助于增强我们对人性的洞察力，识破他人“本色”。

热情豁达——一眼识破“红色”人

红色让人联想到“火”或“血”，代表活力、健康、热情、希望、太阳。

喜欢红色的人，个性坚强，积极豁达，性格外向。

他们总是准备论争，有强烈的进攻意识，说话做事快而不加思索。

红色性格的人渴望权力，充满自信，争强好胜，勇敢大胆，不屈不挠，喜欢挑战一切。

他们喜欢我行我素，苛刻挑剔，深藏不安全感，固执果断，急性子，心思细腻，感受深刻。

他们是精力旺盛的行动派，不管花多少力气或代价也要满足自己的好奇心和欲望，他们的精神的状态会感染周围的人。但由于缺乏耐性，常常稍微不顺自己的意就会生气。不过他们天生乐观，并不会因为挫折而闷闷不乐，而总是想办法当场解决。一旦有事发生，他们总是先怪罪别人，这点对他们很不利。如果他们能够以更宽大的心去对待别人的话，那么他们的人气会更高。

这类人在工作上大多属于“艺术型”。他们热烈奔放，情感丰富，不喜欢被常规所束缚。喜欢在宽松自由的环境中，借助于音乐、文字、形体、色彩等形式表达自己的感受，追求与众不同。无法忍受机械化的生活方式、严肃的纪律和一成不变的例行公事，不擅长逻辑和科学方面的思考或从事纪律严格的工作。但他们具有浓厚的艺术气息，并且有那种把自己的感情融入工作中的天赋，所以很适合往文艺界或设计界发展。他们需要一份能够充分发挥才能的工作，尤其是适合需要高度的创意和艺术性的工作。

这类性格的女性被认为是“具有丰富愿望的年轻型”，生活中她们常常感到不满足，富有冒险精神，追随流行时尚，但其变幻无常的性情常常令人捉摸不透。她们做事积极主动，意志坚强，不轻易服输，很难受别人左右。在恋爱方面一贯主动热情，深受年轻男士欢迎。她们努力赚钱，大方花钱。她们还是个PARTY ANIMAL，在晚会上总把自己当作重要人物。

沉静理性——一眼识破“蓝色”人

蓝色让人联想到海洋、天空、水，代表宁静、永恒、理智、深远、宽广、博大。

喜爱蓝色的人，性格宁静，镇定自若，无忧无虑，善于控制感情，很有责任心。富有见识，判断力强。胸怀宽广，性格内向。

蓝色性格的人有着严肃的生活哲学，思想深邃，独立思考而不盲从。沉默寡言，老成持重，可靠安全，谨慎而深藏不露。

这类人原则性很强，遵守规则，做事井井有条，追求完美，在工作上被称作“事务型”或“科研型”。他们强调制度、程序、规范、细节和流程，做事之前首先计划，且严格地按照计划去执行。喜欢探究及根据事实行事，高度自律，喜欢用表格、数字的管理来验证效果，会一丝不苟地执行工作。但是墨守成规，死板教条，不懂变通。

他们是很有理性的人，面对问题常常临危不乱，在起冲突时总是默默将事情化解，等到该进行反击时，一定会以很漂亮的手段让对方折服。乍看之下他们应该人缘不错，不过他们却不擅长与人交际，所以只和志同道合的朋友自组一个小团体。常因坚持崇高的信念而受人尊敬。他们绝对地坚持己见，对旁人的意见缺乏采纳的雅量，所以与人意见相左时，虽然表面上没显露出任何的不悦，但心里其实很是介意。

蓝色性格的女性诚恳真挚，富有幻想，个性温柔细腻，气质优雅，但比较敏感，是个容易受伤的女人。她们憧憬温柔和浪漫的爱情，重视友情，常为他人花光了钱，缺乏赚钱或储蓄的头脑。

内敛矜持——一眼识破“白色”人

白色让人联想到雪、云，代表纯洁、清爽、洁净、光明、神圣。

喜爱白色的人，喜欢自己一个人安静，大多不会将自己的感情清楚地流露在外。有的人会以为白色性格的安静是“无言的绝望”，但其实，那是白色性格的“牛脾气”。把白色性格的好静天性误解成可以对他颐指气使，这就注定要面对一堵消极的墙。白色性格比通常所认为的更为顽固。

这类人喜欢别人征询他们的意见，但是不会主动向别人提供意见。他们珍惜别人的尊敬，但是不会为了寻求别人的尊敬而超越自己的处世规则。他们得有人好好哄着才愿意谈自己的本领、癖好和兴趣。

他们喜欢独立自主，不像红色性格和蓝色性格喜欢控制别人，而是只想避免受到他人控制。他们拒绝生活在别人的鼻息之下，尤其是当他们感觉对方未付出对他们应有的尊重时。他们喜欢依自己的作息、按自己的方式做事。不会干扰别人，也绝不让别人干扰自己。他们只有在被逼得忍无可忍的时候，才会倾泻愤怒。

对别人提出的解决办法，他们采取开放的态度。白色性格的经理重视属下们对于管理方面的新点子。白色性格的儿童欢迎别人的协助，他们是吸收性很强的学生。他们是讨人喜欢的同伴，很注意让对方尽兴，所以，愿意对另一方百依百顺。不过，他们希望得到的是暗示，而不是指示。

另外，白色性格的人常让人产生可远观但不可亲近之感。他们一向平和冷静，善于表达自己的感情。他们较少受华丽外表的迷惑，更在意的是内心的情感和精神。他们不喜欢太出位，不爱很抢眼的东西。

白色性格的女性，诚实、责任感强，秀外慧中。表面上看她们会掌握金钱，事实上，她们常会把钱花在不该花的地方。她们对自己的身材和美丽很有自信，恋爱时很少会先向对方表达爱意。

深沉庄重——一眼识破“黑色”人

黑色让人联想到暗夜，代表神秘、静寂、严肃、刚健、稳重、沉默、莫测高深。时尚的人说黑色代表神秘，前卫的人说黑色代表酷，成熟的人说黑色代表庄重。

喜爱黑色的人，沉稳练达，常给人一种神秘的感觉。他们即使外表不修边幅，看起来还是很优雅、高尚。在旁人的眼中，他们是个有主见及应对得体的人，而他们也希望在别人眼中自己是个不平凡的人物。

他们通常想显得自己与众不同，从而有意地与他人保持一定距离，以划清界限。但由于他们与周边的环境和人们太过不同，因而常常不被周围的人们所理解和认同。

这类人通常会很复杂、高贵并富有戏剧性，给人一种强有力的感觉。他们可能成为非常有权力和威慑力的人。

黑色性格的人很情绪化，感情忧愁悲伤，时常感觉不能像自己所想的那样去说话和做事，认为自己处境不够好。

其实黑色是非常有个性的颜色，而喜欢黑色的人，总是在尝试表现自己的同时，又显得非常拘谨，抱着不太想让人了解的心态。

黑色性格的女性，抑制感情外露但渴望关怀爱护，分为两种截然不同的类型，要么老实朴素、不喜欢引人注意，要么总喜欢哗众取宠。对于金钱，她们要么节俭，喜欢朴实安定的生活；要么充满野心和欲望，爱过奢靡的日子。

乐观进取——一眼识破“绿色”人

绿色让人联想到野草，代表青春、和平、朝气、生命。

喜爱绿色的人，性情平静，善于克制，心绪不易烦乱，很少有焦虑不安或忧愁之感。遇事以不变应万变，镇定自若。

他们奉行中庸之道，为人稳定低调。有松弛感，能融入所有的环境和场合。温和、谦和、平和三和一体。充满希望并且乐观，渴望事事更加美好。知足常乐，心态轻松。追求平淡的幸福生活。

他们基本上是追求和平的人。不过害怕独处，喜欢群体的生活，他们也因此擅长与周围的人保持和谐的关系。他们总是给人亲切温和的印象，而周围的人也对他们十分信赖和崇拜。不过，因为他们对每个人的态度都差不多，所以有时候容易让人误会，认为他们是八面玲珑的人。他们十分上进，但因为不喜欢在团体中太突出，所以他们也会要求周围的人一起奋发向上。

绿色性格的人在事业上被称作社会型，他们服务社会，善于从容地面对压力，巧妙地化解冲突。绿色性格的领导者注重人本管理，尊重员工的独立性，从而赢得人心获得凝聚力。善于为别人着想，以团体为导向。

喜爱绿色的女性被认为是“坚韧实际的母亲型”，生活中她们安于现状，行动慎重并很努力，但害怕冒险和超前，性格内向且常常压抑自己的欲望，在感情方面羞于主动。她们具有两面性，在花钱方面比较理性，不会在冲动之下大手大脚花钱。

自信潇洒——一眼识破“黄色”人

黄色让人联想到太阳、黄金，代表温和、光明、阳光、快乐、希望。

黄色是理论性思考事情的理智之色。看到黄色，人们便容易提高自制力和注意力。

喜爱黄色的人，心情欢畅，轻松愉快。性格外向，精力充沛，做事潇洒自如，说话无所畏惧，不担心别人考虑什么。不易动摇，是可以信赖的人。

他们富有高度的创作力及强烈的好奇心。关心社会问题甚于切身问题，喜欢追求崇高的理想，尤其热衷社会运动。相当自信，而且学问渊博，他们也引此为傲。看起来他们好像社交家一样，其实内心很孤独。所以，他们绝对不会背叛朋友，也绝对不做没有把握的事。

黄色性格的人，大多属于理论家类型。他们虽然才能出众，却容易恃才傲物。

由于自尊心强，又对自己的能力极具信心，因此，他们经常希望得到别人的肯定和赞赏。尽管如此，他们有时又能温顺服从，表现出合作的个性，由此而言，爱好黄色的人是一位真正生命力强盛的人。

喜欢黄色的女性，内心天真烂漫，比较理性和冷静。对自己的智慧和能力充满信心，因此也期望获得他人的赏识。从外表上看，她们好像很温顺，其实却很好强。在金钱上，她们很豁达，除非手头真的拮据，否则不会很在乎钱。

高贵优雅——一眼识破“紫色”人

紫色让人联想到紫罗兰、丁香、玫瑰，代表高贵、华丽、优雅、魅力、自傲、神秘。

喜爱紫色的人，优雅而高尚，具有丰富的感情，细腻而敏感，审美趣味高雅，常常自我感觉也良好。他们会觉得那些对于形状、颜色、质感等把握不好的人很愚蠢。同时，他们会尽量避免与不懂得体察别人心情、事事以自我为中心、不考虑别人感受的人接触。因此，他们有时给人的感觉有点“阳春白雪和者寡”，难以接近。

这类人内心非常坚强，但是外表却很平和沉静，对算命、卜卦以及眼睛看不见的神秘力量怀有浓厚兴趣，容易相信这一套。对于能够在自己心灵深处唤起共鸣的事物，会不顾一切地为之感动，并热烈地向往，但是这一面却不大为别人所理解。

无论是在信仰、情感或是精神方面，这类人总在努力做得比现有的更好。他们渴望知识，热爱读书。为了能够成就理想的自我，他们会在自己的生活中和别人的生活中寻求答案。由于追求完美而又对自己极为苛刻，他们也在极力与自己做着艰苦的斗争。

紫色性格的人总是能交到很多朋友，因为他们总是考虑别人比考虑自己多一些。他们并不会为自己要求过多，但一部分人也可能成为自我英雄主义者。他们喜欢以一种不确定的方式去寻求答案，失败后他们也会因此郁郁寡欢。他们感情丰富浪漫，容易多愁善感，但常常容易滥用感情，以致造成很多不必要的误会。

这类人通常具备艺术家的特质，观察力特别敏锐，具有天生的鉴赏力，比较追求艺术或个性的品位。

他们讨厌平庸，喜欢独特的构想，有强烈引起他人注意的欲望。但是由于容易满足，因此对同样一件事无法持久。通常纵情的人比较容易喜欢紫色，所以这种人容易放纵自己，在生活上容易倾向颓靡，对于物质的要求很高。

拘谨保守——一眼识破“棕色”人

棕色让人联想到咖啡、木板、棕毛，代表严肃、浑厚、野性、豪放。

喜爱棕色的人，有强烈的主观欲望，能凭借着自己的见识得到巨大的满足，如吃喝等欲望，事后时常会意识到自己的错误。

他们是一个绝对清楚自己个性的人，讨厌引人注目的事物，自我价值观很强烈。很害怕因为外来因素的介入而必须改变自己，性情保守，不会轻易地表示自己心里的想法。对于人与人之间的利害关系分得很清楚，所以容易给别人一种冷漠的感觉。

他们由于固执自己的意见，所以较少受到周围的影响，也不易被他人的意见所左右。当别人勃然大怒时，也能冷静对待。他们对情感很执着，处理方式也比较权威。

不过，因为他们耿直的个性，让人们很信赖他们，不知不觉中支持他们的伙伴会越来越多。但在外表及处理事情的态度上，他们却给人有一种信赖感。

如果你讨厌棕色，那么你会在恋爱上采取放任的态度，你比较喜欢主动、直接、强烈的爱情。当遇到个性突出的对象，就显得很急躁。由于好奇心太强烈，常常被很多新奇的事物所吸引，以致常常忽略了恋人。而且想到什么就去做什么，人缘很好，这一点也会让你的恋人感到不安。和朋友相处的时间远比和恋人相处的时间还多，所以你的恋人总有一天会离你而去。这是需要注意和克制的。

◎精准识人：气色阅人，识人第三只眼

中国古代看人都比较重气色。《荀子·劝学》：“不观气色而言谓之瞽。”周文王也说过：“观色者，观其外色也。”曾国藩认为：“面部如命，气色如运……人以气为主，于内为精神，于外为气色。有终身之气色，少淡、长明、壮艳、老素是也。有一年之气色，春青、夏红、秋黄、冬白是也。”

色的含义比较广泛，是指一个人的气质、个性、品格、学识、修养、阅历等因素的综合表现。色现于皮肤之外，“现乎色而发乎气，是为气色”。在这里，色主要指色泽，即颜色或血色的光泽，主要指人体面部皮肤的明亮程度。

人的气色与其精神状态有关。正所谓“相由心生”，气色会在不断的变化中反映出人的情绪动向和性格特质。

中国医学认为：“气”与“色”密不可分。“气”为“色”之根，“色”为“气”之苗。“气”是“色”的根本，“色”是“气”的表象。“气”现于外即气色，“气”充于内即精神。“气”为精、气、神之源，“色”是神的外在表现。“色”随“气”变，“气”盛则“色”佳，“气”衰则“色”悴；“气”和则神强、则“色”明亮；“气”不和，“色”自然黯淡无光，所以通过望气色可知充于体内之气魄。

人的气色与其精神状态有关。从医学角度上来讲，一个人运动之后气血贯通时的肤色与先前不一样，这种差别长年累月持续下去，面部色泽必然有明显的变化。大脑思维也是一种运动，它不通过空间的位移来体现，而是精、气、血在大脑里的融会贯通。长期动脑的人由于头部精、气、血的运动多于其他人，面部气色神态就会与常人不同。这种区别就可以作为从外貌形象上来鉴别人物的一个依据。

一个人的性情本色是自然随性，固定而泰然的；虚伪的神色则是纷杂零乱而烦躁的，虽然想把这种神色隐藏在内心深处，但神色上却不由自主，即使要改变它，也可以看出来。

识人并非难事，重要的是你要有一双善于察言观色的眼睛。一个人的气色是他内心活动的外在流露。通过对一个人气色的观察，你便可以精准地洞悉其内心活动，窥视到他的隐秘之处。

结语　别让自己败在不会识人上

识人难，识人心更难！的确，人心犹如一潭深不可测的湖水，让人捉摸不透，如果你没有一套“看透人心、识穿人性”的过硬本领，将会处处碰壁，无法驾驭局势，在人际场中败下阵来。

只有正确、准确、精确地辨识人心、辨别人性，才能够让我们更加透彻地明白他人心思、情绪、性格、意志，据以采取恰当的方式与人交往周旋。精准识人还能够让我们掌握控制和操纵事情局面的方法，使得事情朝着自己所期望的良性的方向发展。因此，无论是随机应变还是自我改善，都将对我们的沟通、交际能力和做事效果产生非常积极的影响。所以，学会解读人心、辨识人性，是一门人生的必修课，是洞悉先机、掌控全局的成功保证。

或许你正因为不明白对方说话的真实意图而接不住话头；或许你正因为揣摩不透对方的心思而畏惧与之交往；或许你正因为找不到打开人心的突破口而愁眉不展；或许你正因为

人际的诸般纠纷而烦恼不已、进退两难……那么，请尽快打开本书吧！

翻开本书，你的心头会变得豁然开朗，心中的迷雾会逐渐消散，人际交往的烦恼会一扫而空。你将会明白如何从别人的举手投足之间解读其心意，相机行事；如何从别人的小习惯、小细节中识别其才干和为人，为自己所用；如何从别人的眼神和话语中判断出隐含的动机，绕过人生路上的陷阱……

本书为你包办识人中的所有难题，旨在指点迷津，教给你一套识人的方法途径，为你打开一条识人的通道。因为人际交往的局面会因时、因地、因人、因事处于不断的变化中，这就需要我们结合实际，根据情况的变化，随时调整自己的识人方法、交际手段，做到活学活用、举一反三。

没有识不透的心，只有不会识人的人。识人之妙，存乎于心。用心观察，善于学习，时常揣摩，不断积累，你终会成为一个识人高手、阅人大师，在人际关系中呼风唤雨，无往不胜！